Winter

Land der wilden Zwiebeln

Frank Winter

Land der wilden Zwiebeln

Chicago-Krimi mit Rezepten

Oktober Verlag
Münster in Westfalen

Haftungsausschluss: Die Rezepte dieses Buchs wurden von Verlag und Herausgeber sorgfältig erwogen und geprüft. Dennoch kann eine Garantie nicht übernommen werden. Die Haftung des Verlags bzw. des Herausgebers für Personen-, Sach- und Vermögensschäden ist ausgeschlossen.

Am Hawerkamp 31, 48155 Münster
www.oktoberverlag.de

Satz und Umschlag: Thorsten Hartmann
unter Verwendung je eines Fotos von
nm_picture/iStockphoto und dulezidar/iStockphoto
Rezepte: Frank Winter

Druck: Books on Demand GmbH
In de Tarpen 42, 22848 Norderstedt

ISBN: 978-3-946938-59-0

Dieses Buch widme ich meinen amerikanischen Verwandten: Omar und Carol Winter in Fort Worth/Texas, Mike Winter und Familie in Springerton/Illinois, und nicht zu vergessen alle weiteren Cousins im großartigen Carmi/Illinois.

This one is for you, guys!

Inhalt

Die Personen

Max Meyer

Seine Heimatstadt Karlsruhe musste er nach den gescheiterten Revolutionen von 1848/1849 fluchtartig verlassen. Obwohl Max als reicher Erbe keine Geldsorgen hat, arbeitet er als privater Ermittler.

Paula Meyer

»Sehr harte Schale, mit etwas weicherem Kern«, so beschrieb Max seine Tante einem Freund. Mit ihren Habseligkeiten zwanzig Jahre früher in den USA angekommen, hat sie sich mit dem Gatten bescheidenen Wohlstand erarbeitet.

Herbert Meyer

Herberts Vorstellung von Glück? Im sonnigen Biergarten sitzen, mit einem Glas Bier und seiner Meerschaumpfeife. Häufig macht ihm Paula dabei einen Strich durch die Rechnung.

Carl Antz

Der Bayer besitzt in Chicago eine Brauerei und zwei Biergärten. Für seine Emigration in die USA gab es einen triftigen Grund …

Mister Wright

Am Abend nimmt der höfliche Bestatter aus der Nachbarschaft gerne einige Gläschen Rye Whiskey zu sich.

Schmieder

Das Salär verdient Meyers bester Freund als Barkeeper in einem Saloon. Sein Herz hängt an der kritischen Zeitung »Solidarität«, die er in den Straßen Chicagos anpreist, und am Bund der Revolutionäre.

Heinz Kiesinger
Noch ein Freund Maxens. Der Mann aus Durlach, heute Stadtteil Karlsruhes, arbeitet in Chicagos Historical Society.

»Diese junge Stadt ist eines der wunderbarsten Phänomene von Amerika, wenn nicht sogar der gesamten Welt.«

Carl Schurz über Chicago, in einem Brief an seine Frau, 30. September 1854

Kapitel eins: Bier aus deutschen Landen

Chicagos Maisonne lachte ins Zimmer und gäbe es gegenüber nicht dieses unförmige Rathaus, hätte Max Meyer den Tag optimistisch begonnen. Wie eine deutsche Wasserburg, Stein für Stein abgetragen und neu aufgebaut! Unschön wurde der schwere, rote Vorhang, Zimmer in Büro und Schlafbereich teilend, zur Seite gerissen: Tantchen hatte ihr braunes Haar zum Knoten gezüchtigt, trug ein bodenlanges Kleid und Stiefeletten. Selbst in ihren Fünfzigern war Paula hübsch und schlank und hätte mit etwas gutem Willen auch Fee sein können. Max ging an ihr vorbei und setzte sich an den Eichenschreibtisch. Die langen Beine legte er über die Kante.

»Endlich aus dem Bett gefunden, junger Herr? Unten ist die Hölle los und du hältst Maulaffen feil.« Gleichermaßen fasziniert und abgestoßen betrachtete sie das Bücherregal. »Mein schönes Haus fällt noch zusammen, weil Herr Neffe unaufhörlich bedrucktes Papier heranschleppt!«

»Da ich das Nachthemd ausgezogen und mich angekleidet habe, trifft deine Vermutung zu. Wach bin ich.«

Paula steckte die Nase in einen blechernen Kaffeebecher und schien enttäuscht, dass er sauber war.

Nicht zum ersten Mal argwöhnte Max, dass es unklug sein könnte, bei Verwandten zu leben. »Wie ist das Befinden, mein Tantchen?«

»Bin seit fünf Uhr früh auf den Beinen! Der Herr schenkte uns Sonnenlicht, damit wir den Tag weidlich nutzen, und wer ein Geschäft führt, faulenzt nicht!«

»Tell me something new.«

»Maximilian! In meinem Haus wird Hochdeutsch gepflegt!«

»Ich sollte mehr Schreibutensilien zum Wegräumen für dich kaufen.«

»Was zum Beispiel?«, fragte sie begierig.

»Notizbücher, Tinte, Federn, große Bögen Papier.«

»Kakerlak, ich höre dich krabbeln! Mit deinem Kokolores lassen sich bereits mehrere Trödelmärkte versorgen.« Paula tippte sich den Zeigefinger an die Nase. »Was rieche ich in deiner Kammer?«

Meyer hob die Hände in die Luft. »Gewöhnlich gehst du von verschimmeltem Papier aus, oder?«

»Nein!«

»Dann ist es der Walspeck, den du für unsere Lampen erstanden hast. Nun, was gibt es?«

»Unten wartet jemand auf dich.«

»Weiblicher Besuch?«

»Es würde dir so passen! Nein, ein stattlicher Herr, vornehm gekleidet und mit ausgesuchten Manieren. Welch edle Gestalt!«

»Zu mir will er?«

»Mach keinen Grottenbuckel! Setz dich gerade hin!«

Meyer schritt auf sie zu und legte ihr die Hand auf die Schulter. Paula hegte eine Schwäche für dunkelhaarige Männer mit schwarzen Augen, erst recht, wenn sie groß waren wie die Meyers, dreißig Jahre alt wie ihr Neffe, und so schön rasiert.

»Kunde«, säuselte sie.

»Ein Klient, meinst du?«

»Nein, Kunde!« Sie fuchtelte wild mit den Händen: »Im Laden.«

»Was macht er dort?«

»Da fragst du?! Soll ich ihn etwa in deine Rumpelbude führen? Hoffentlich hast du dir die Hände ordentlich gesäubert! Druckerschwärze löst sich beim Waschen schwer!«

»Keine Sorge. Da du meine Kaffeetasse mehrfach *upgeliftet* hast, könntest du den Herrn jetzt nach oben bitten?«

Paula schnappte nach Luft. »Deine Zugehfrau bin ich nicht.«

»Schön, dann mache ich es selbst.«

Im Erdgeschoss befand sich Meyers Gemischtwarenladen. Seine Verwandten handelten mit Zucker, Kaffee, Tee, Schokolade, Käse, Eiern, Milch, Brot, Würsten, Bürsten, Besen, Schnaps, Wein, Essig, Öl, Stärke, Zahnpulver, Waschzubern, geräucherten Bücklingen und Bindfäden. Er kam noch rechtzeitig: Onkel Herbert, gemütlicher Mann mit üppigem Schnurrbart, der im Haus strittig war, wollte Haare schneiden. Im Großherzogtum Baden absolvierte Herbert ehedem die Ausbildung und seine Urkunde flatterte in den atlantischen Ozean. Der Besucher saß nur aus Höflichkeit auf dem guten, geplüschten Wohnzimmerstuhl, frequentierte offensichtlich einen guten Frisör. Die Hose war nach der Mode lang geschnitten, das Jackett auf Taille. Meyer bedeutete seinem Onkel, die Schere wegzustecken.

»Antz ist mein Name.«

»Sehr angenehm. Darf ich Sie in mein Büro bitten?«

»Gerne«, antwortete er, Onkel Herbert zunickend. »Vielleicht ein anderes Mal, mein Herr?« Auf der Treppe sagte er zu Meyer: »Der Geschäftsinhaber scheint sehr vielseitig zu sein?«

»So kann man es auch sehen. Haare schneiden ist aber eher sein Hobby.«

Sein Besucher schaute gequält. »Sie sind Max Meyer, ja?«

»Yes, Mister Antz. Don't worry.«

»Karlsruhe, Großherzogtum Baden?«

»Kennen Sie unsere City?«

»Als Kind war ich einmal dort. Schloss und Menschen blieben mir in Erinnerung. Ihre Anzeige habe ich in der Illinois Staatszeitung entdeckt: Max Meyer, privater Detektiv, löst alle Fälle schnell, zuverlässig, günstig. English, German and Badisch spoken.«

»So ist es«, erwiderte Meyer und tauchte seine Lieblingsfeder ins Tintenfässchen.

»Es liegt mir fern, Sie zu beleidigen. Mir fiel nur auf, dass Diskretion in der Anzeige ausgespart wurde ...«

»Ich verbürge mich für höchste Geheimhaltung. Sie ist im Wort zuverlässig enthalten.«

»Gilt das auch für Ihre Frau Mama?«

»Meine Mutter wohnt in Karlsruhe.«

»Verzeihen Sie bitte, aber die Dame, die mich empfing ...«

»Wer? Nein, äh, ja, das war Frau ... Tante Paula. Warum erzählen Sie mir nicht einfach, was Sie auf dem Herzen haben.«

»Es geht um einen Angestellten.«

»Ihre Branche?«

»Wie bitte?«

»In welchem Bereich sind Sie tätig?«

»Bier. Ein Arbeiter wird vermisst. Aufgeweckter junger Mann. Vor sieben Tagen erschien er zum letzten Mal im Betrieb, und ich möchte gerne die Angehörigen verständigen.«

»Es wundert mich, dass die Familie noch nichts davon erfuhr. Gerüchte wandern schnell in Chicago.«

»Seine Leute wohnen in New York City.«

Meyer griff nach der Zinnkanne, die auf dem kleinen Ofen in der Ecke ihren Platz hatte.

Antz betrachtete neugierig die bunten Fische auf dem hellgrauen Gefäß.

»Eine schöne Kanne haben Sie da.«

»Danke. Sie stammt aus Pennsylvanien.« Er drehte die Kanne leicht. »Etwas Coffee vielleicht?«

»Danke, nein.«

»Wie heißt der Herr?«

»Walker, Paul Walker.«

»Seit wann arbeitet er bei Ihnen?«

»Ungefähr ein Jahr. Wie lange sind Sie schon in Ihrem Beruf tätig, Herr Meyer?«

Unausstehliche Frage! Fehlte nur noch, dass er »junger Mann« sagte.

»Lange genug. Welchen Job macht Walker in Ihrer Firma?«

»Er ist sehr jung, Anfang zwanzig, und arbeitet in der Produktion. Bierbrauen habe ich in Bayern gelernt.«

»Sie besitzen auch zwei Bierhallen, nicht wahr?«

»Beide befinden sich auf der North Side. Außerdem gehört mir ein Biergarten in der Goethe Street. Wo immer Deutsche sich niederlassen, fließt unser Leibgetränk in Strömen. Auch so mancher Ire und Amerikaner liebt es. Lesen Sie die Statistiken. Laut Wirtschaftsspiegel der ›Democratic Press‹ wurden vorletztes Jahr in Chicago etwa 16.000 Fässer produziert. Das reichte aber beileibe nicht aus für unsere durstigen Einwohner.

Aus Milwaukee mussten zusätzlich gut 25.000 Fässer herbeigeschafft werden.«

»Trinken unsere Landsleute dort kein Bier?«

»Doch, aber Chicago boomt und die Menschen in Wisconsin konsumieren noch nicht so viel. Schwiegersohn Peter Lehmann ist mir eine große Hilfe bei allem. Ein aufstrebender Gentleman, den ich nach der Hochzeit zum Geschäftsführer ernannte. Zudem bekam er Anteile an der Firma. Genügte leider nicht. Doch es führt uns zu weit vom Grund meines Besuchs weg, Mister Meyer.«

»Woher kennen Sie Herrn Walker?«

»Es scheint mir deutlich zu sein. Young Mister Walker arbeitet für mich.«

»Lassen Sie mich die Frage anders formulieren. Wie erhielt er die Stelle im Unternehmen?«

»Empfehlung eines Mitarbeiters. Bei der Einstellung verließ ich mich darauf und bereute es seitdem nicht.«

»Hat der Mann Hobbys?«

»Guter Arbeiter, ohne Laster, spart sein Geld. Das haben mir die Kollegen erzählt, und es ist sinnlos, ihr Zeugnis anzuzweifeln.«

»Sicher nicht. Ich werde jedoch nicht umhin können, ihnen ebenfalls Fragen zu stellen. Ist das okay?«

»Könnten Sie bitte diskret vorgehen? Die Konkurrenz in meinem Metier ist groß. Es könnte sein, dass jemand behauptet, Arbeiten bei mir sei nicht sicher. Dann muss nur ein Zeitungsschreiber daher kommen, zwei Lügen dazu erfinden … die Leute lesen so etwas gerne, und bei mir sinkt der Absatz.«

»Warum sollte Arbeiten in Ihren Betrieben gefährlich sein? Paul Walker wird nur vermisst. Verunglückt ist er nicht?«

»Nein. Allerdings gab es vor Kurzem so eine Geschichte.«

»Ein Angestellter wurde verletzt?«

»Er starb.«

»Tut mir leid. Wie ist das passiert?«

»Bedauerlicher Unfall, Mister Meyer, und ich würde lieber nicht darüber reden.«

»Unter Umständen spielt es eine Rolle für den Fall.«

»Ach, ich glaube kaum.«

»Arbeitete Walker in Ihrer Brauerei am Fluss?«

»So ist es, wie auch der verunglückte Arbeiter.« Antz legte die Hände in den Schoß und blickte auf den Boden. »Paul ist so ein netter Junge. Ich möchte, dass Sie ihn finden. Koste es, was es wolle. Meine Angestellten betrachte ich als Familienmitglieder. Wenn ich Ihnen sonst irgendwie helfen kann, lassen Sie es mich bitte wissen, Mister Meyer.«

Max brachte seinen neuen Klienten zum Ausgang, wo Antz ihm wieder sehr förmlich die Hand schüttelte. Tante Paula tat, als ob Staubwischen sie vom Zuhören abhielte. Sowie Antz den Laden verlassen hatte, legte sie los: »Was hast du diesem feinen Menschen nur getan?«

»Er hat sich bei mir entschuldigt, nicht umgekehrt, und du lauschst immer noch.«

»Noble Geste! Wann hättest du einmal jemanden um Verzeihung gebeten.«

»Pardon«, antwortete Meyer, »die Pflicht ruft.«

Paula schnalzte mit der Zunge. Onkel Herbert konnte sich das Lachen nicht verkneifen und wurde augenrollend zur Räson gebracht. »Es leuchtet mir nicht ein, warum der noble Herr nichts bei uns erwerben wollte! Wir sind eine stadtbekannte Spezereienhandlung und führen alles, was das Kundenherz begehrt!«, klagte Paula.

»Eben! Warum durfte ich ihm nicht die Haare schneiden?«

»Papperlapapp! Darum geht es nicht!«

Meyer ging in sein Büro, um in Ruhe über den Fall nachzudenken, was nur unter Ausschluss der Verwandtschaft möglich war.

Wenige Minuten hatte er sich ausruhen wollen … bis Schillers »Pitaval«, Sammlung wahrer Kriminalfälle, von seinem Bauch auf den Boden fiel. Etwas zwickte in seiner Nase. Zum Lunch gab es gewöhnlich kalte Speisen, geräucherten Fisch, Speck oder gekochte Eier. Eigentümlicher Geruch nun aber …? Kohl!

Nicht schon wieder! Seine Tante liebte das Gemüse abgöttisch, weil es so billig war. Bevor er flüchten konnte, klopfte jemand an der Tür. »Ja, bitte«, sagte er möglichst unfreundlich.

Herbert Meyer stand im Türrahmen, zeigte mit dem Daumen nach unten und lachte spitzbübisch.

»Sollst du mich zum Lunch einbestellen? Wo frischt sie nur ihre Kohlvorräte immer wieder auf?«, sinnierte Meyer.

»Isch ungeklärt«, antwortete Herbert. Je schneller mir das Zeug runterwürge, umso besser.«

»Onkel, ich bewundere deinen Gleichmut.«

»Ha, was willsch mache? Dafür träume ich seit Jahren von Dampfnudeln mit Apfelmus.«

Paula stand vor dem Herd, mächtige Töpfe und eine Kanne mit *Blümleskaffee* vor sich. Zu ihrer Linken befanden sich zwei mit Holz umkleidete Waschbecken und kleine Eimer. Tante war fanatische Mülltrennerin. Speisereste, Zeitungen und Verpackungen waren strikt auseinanderzuhalten! Dank dieses Systems konnte alles weiterverwendet werden. Verwelkte Kohlblätter fraßen die Hühner. In Zeitungen wurden Waren für Kunden eingewickelt, ausgediente Verpackungen geplättet und zum Abdichten von Löchern in Boden und Dach benutzt. Zur Rechten des Herds stand ein breiter Küchenschrank, der an der Decke endete. »Emsiger Tag heute, Neffe?«

»Kann man so sagen. Es gibt bereits Fortschritte im Fall.«

»Ist deswegen dein gutes Hemd zerknittert?«

Meyer streckte sich.

»Wenn du den Rücken weiter vernachlässigst, sitzt du irgendwann im Schaukelstuhl. Schau dir Onkelchen an, turnt und fechtet … so wird jedenfalls gesagt.«

»Hab keine Zeit für alberne Verrenkungen. Spaziergänge müssen genügen. Rückt der Bürgerkrieg näher, kann ich immer noch Mitglied im Turnverein werden und mich aufs Gefecht vorbereiten.«

»Gute Idee«, meinte Herbert. »Wir Turner sind eine verschworene Gemeinschaft.«

»Vor allem mit dem Bierkrug in der Hand!«, sagte Paula.

Meyer näherte sich dem Herd. Seine Tante, flink wie ein Baby-Alligator in den Südstaaten-Sümpfen, streckte ihm den Kochlöffel entgegen. »Los, setzt euch an den Tisch.«

Sie salutierten. »Aye, aye, Sir.«

Paula schleppte den Kohltopf zum langen Holztisch. »Gefüllte Kohlrouladen und gekochte Kartoffeln«, klärte sie Personen auf, die nach der letzten Mahlzeit erblindet waren und den Geruchssinn verloren hatten. Meyer stützte den Kopf in die Hände und träumte von den Wohltaten badischer Küche. Du köstliche Kartoffeltorte! Eier, Zucker, Rosinen und Haselnüsse, mit gekochten und geriebenen Erdäpfeln vermischt ... »Was geschieht, wenn ein Kunde auftaucht?«

»Dann gehe ich flugs hinaus und verkaufe«, erwiderte Paula. »Wofür habe ich die teure Haustürklingel? Sie setzt mich pflichtschuldig in Kenntnis. Nun?«

»Schmeckt nicht schlecht.«

»Der Fall! Dass mein selbst gekochtes Mittagsmahl mundet, weiß ich.«

Meyer konnte sich an keinen Fall erinnern, den er alleine lösen durfte! »Ich habe meinem Klienten versprochen, dass nichts, von dem, was er mir anvertraut, das Haus verlässt.«

»Tut es ja nicht. Ich höre.«

»Antz hat mich beauftragt, einen vermissten Arbeiter zu suchen.«

»Warum gibt der Mann Geld für private Detektive aus, verfügen wir doch über eine tüchtige Polizei.«

»Dass er den Pappkameraden nicht vertraut, verstehe ich.«

»Stammt der junge Mann aus der alten Heimat?«, fragte Paula, die rüde Bemerkung ihres Neffen übergehend.

»Aus NYC.«

»Bitteschön?«

»Es isch Neu York, Paulale.«

»Der feine Herr kümmert sich um alle Arbeiter, ob Deutsche oder Engländer. So wie der Hirte, der über seine Schäfchen wacht.«

»Hm, aber dass er sich dafür von den Geschäften losreißt ...«

»Vielleicht ist ihm die Angelegenheit zu wichtig, um sie jemandem anzuvertrauen. Geld zu verdienen, ist fürwahr keine Schande. Nicht jeder Mann hat eine reiche Großmutter beerbt. So wie du!«

»Was hat das damit zu tun?«

»Der für sein täglich Brot nicht schuften muss, kennt Ängste und Sorgen arbeitender Seelen lediglich aus der Ferne. Herr Antz wiederum ist kultiviert. Sorgsam streifte er vor dem Haus und im Flur die Schuhe ab, um mir weder Sand noch Pferdedreck in die Stube zu tragen. Das sollte ihm mal jemand nachmachen!«

Kohlblätter lagen wie verkohlte Holzscheite in seinem Magen und nur Schmieders schwarzer Kaffee konnte helfen. Sein Freund aus badischen Revolutionstagen war eine wandelnde Enzyklopädie Chicagos und würde auch beim neuen Fall gerne helfen. Er band das rote Halstuch um und setzte den großen, schwarzen Schlapphut auf. Auch Revolver durften nicht fehlen. In der untersten Reihe des Buchregals stach ein dicker Band hervor: »Schöne Giftschlangen aus aller Welt«, Geburtstagsgeschenk Herberts. Das Buch enthielt kaum bedruckte Seiten, aber eine großzügige Einbuchtung. In der lagen zwei Revolver. Er nahm sie an sich und ging nach unten. Beim Ausgang schüttelte er der Ritterrüstung die Hand. Eine Kundin hatte ihre Rechnung damit beglichen. »Grandioser Blickfang, der in keinem vornehmen Hause fehlen sollte, Mrs Meyer.« Er bezweifelte, dass das Ding so viel wert war, wie sie behauptete, aber auf Tantchen machte der Preis großen Eindruck. Über dem Eingang des zweistöckigen, weißen Hauses mit grünen Fensterläden prangte »Meyers Grocereien und Materialwaren«. Deutsche stellten, obwohl meist nördlich des Flusses wohnend, Paulas Hauptkundschaft, und Grocereien, die deutschamerikanische Bezeichnung für Gemischtwarenladen, hatte sie unter heftigem Murren aufgenommen: »Meinethalben, Maximilian! Wenn du meinst, dass es den Verkauf fördert!« Auf der gläsernen Eingangstür stand auf dem handgemalten Schild »offen/open« und darunter »wir sprechen Hochdeutsch, Badisch sowie Englisch«. Das Haus lag an einer Kreuzung. »Um mehr Kunden anzulocken«, informierte Paula auf Nachfrage. Natürlich hatte sie nichts gegen Dollars in ihrer Kasse. Doch der wahre Grund war, dass Tantchen vom strategisch gut gelegenen Domizil gerne Leute beobachtete, um sich deren Lebensgeschichten auszumalen. Schmieders Wohnung lag hinter der First Baptist Church. Meyer ging pfeifend die La Salle Street entlang. Auf diesem Teil der Straße war der Business District noch spärlich bebaut. Mister Wright, vom Bestattungsunternehmen Wright and McClure, schmalbeinig und mit muskulösen Armen, zog seinen Zylinder. »Wie fühlen wir uns an diesem lieblichen Tag, Mister Meyer?«

»Ich muss Sie vertrösten, Sir. Das wird noch ein Weilchen dauern.«

»Köstlich, immer zu Späßen aufgelegt, der junge Herr!«

Meyer überquerte die Kreuzung an der Washington Street, blickte, um nicht in Pferdemist zu treten, auf den Boden. Nur knapp konnte er einer Kutsche ausweichen. »Gib doch Acht, wo du hintrittst, Trottel! Bist du lebensmüde?«, brüllte der Fahrer und trieb die Pferde weiter an. Den Rowdy ignorierend, schlenderte Meyer weiter. Im Glockenturm der Baptisten-Kirche schlug es vier Uhr. Schmieder wohnte in einem Haus, das den besten Tagen farewell gesagt hatte. Beim Treppensteigen hielt er sich die Ohren zu und stolperte fast über zwei Farbeimer. Sein Freund strich die Eingangstür in leuchtendem Rot. »Farbe der Revolution«, verkündete er und wischte sich mit dem Handrücken die Stirn. Schmieders Stimme war tief und durchdringend, das rote Haar stark gelichtet. Er trug einen wuchernden Vollbart und schwarze Ringe unter traurigen Augen. Jede Gemeinde hätte ihn als Pfarrer willkommen geheißen. Um Jacke und Hose zu schützen, hatte Schmieder sich mit grober Schnur in Zeitungspapier gewickelt. »Du trägst also noch den großen Heckerhut.«

»Was meint der Hauseigentümer?«, fragte Meyer.

»Zu deiner Kopfbekleidung?«

»Von den Farbkünsten spreche ich.«

»Wir befinden uns nicht im großherzoglichen Baden, wo jeder Gang zum Abtritt behördlich genehmigt werden muss! In Amerika darf man die Initiative ergreifen. So wird es wieder und abermals wieder erzählt.«

»Wenn du Zeit zum Anstreichen findest, kannst du auch Konversation mit mir machen?«

»Ich wüsste nicht, was ich lieber täte. Tritt ein in die gute Stube.«

Schmieders Heim: Druckerpresse links, Bett, Tisch, sechs schmale Stühle, Ofen und schiefe Büchertürme am anderen Ende. Tintenklecks neben Tintenklecks auf dem Dielenboden.

»Darf ich dir etwas Kaffee kredenzen?«

»Sehr gerne«, seufzte Meyer.

Schmieder schenkte ihm den Becher randvoll, hockte sich vor einen Eimer und schrubbte mit der Wurzelbürste Farbe von den Fingern. »Milch und Zucker?«, fragte er, die Hände im Wasser.

»Wie immer: nein danke.«

Meyer trank und blickte erstaunt in den Zinnbecher. »Kann es sein, dass Nelken im Kaffee schwimmen?«

»Dem Händler gelang es einmal mehr, mir minderwertige Ware unterzujubeln. Ich bin häufig in Gedanken und zu Hause helfen dann nur drastische Mittel.«

Präziser wäre: immer in Gedanken! »Warum lässt du deinen Kaffee mahlen? Wer Bohnen kauft, bemerkt Betrug leichter.«

»Guter Freund, über die Muße, eine Kaffeemühle zu bedienen, verfüge ich nicht. Der Widrigkeiten sind in meinem Leben bereits zu viele, und so manches Mal sinniere ich, ob es die richtige Entscheidung war, hierher zu kommen.«

»Glaubst du immer noch, dass es in diesem Jahrhundert in Deutschland Demokratie geben wird? Vergiss es, Schmieder.«

»Jaja! Was wolltest du mich fragen?«

»Sagt dir der Name Antz etwas?«

»Soll ich dir bei deiner sinnfreien Tätigkeit unter die Arme greifen?«

»Fängst du auch noch an! Menschen in Not zu helfen, ist sozial, ungeheuer sogar.«

Schmieder betrachtete seinen Freund nachsichtig. »Wieso kommst du mit diesen Fällchen immer zu mir?«

»Weil du mein bester Freund bist.«

Schmieders Augen leuchteten. Dann wurde er misstrauisch. »Aber Frau Tantchen …?«

»Paula hört im Geschäft eine Menge, selten alles. Wenn du mir etwas zu Mister Antz sagen würdest, könnte ich mir besser erklären, warum sein Arbeiter verschwand.«

»Reicher Lagerbierbrauer aus Bayern, Eigentümer von zwei Bierhallen sowie einem Biergarten auf der North Side. Er traf 1840 in den Vereinigten Staaten von Amerika ein. Typischer Großunternehmer.«

»Seit wann produziert Antz Lager?«

»Er begann Anfang der Fünfzigerjahre in diesem Metier. Die erste Lagerbrauerei Chicagos wurde allerdings bereits 1847 von John A. Huck und John Schneider gegründet und …«

»Antz' Schwiegersohn, Peter Lehmann. Was weißt du über ihn?«

»Gerissener Kerl, wünschte, in der Firma mehr mitzuwirken, doch der alte Pennyfuchser gibt die Direktion erst beim *Pushen der Daisies* ab, wie man sagt.«

»Könnte Lehmann Antz schaden wollen?«

»Soweit ich weiß, ist er mit Antz' Tochter nach New York City gezogen, um eine eigene Brauerei zu eröffnen. An durstigen Seelen mangelt es dort auch nicht. Unwahrscheinlich, dass er dahintersteckt.«

»Hast du etwas über einen Unfall bei Antz gehört?«

»Die Genossen müssen gänzlich ohne Sicherheitsvorkehrungen arbeiten, Freund Max, und wenn Antz berappender Klient ist, verstehe ich nicht, warum du ihn ausspionierst!«

Meyer hustete. »Wie ich schon sagte, muss mir ein Bild von den Lebensumständen vermisster Personen machen, und stell mich nicht immer so dar, als ob ich nur auf Geld aus wäre. Es gab schon Klienten, denen ich die Tür wies. Mein oberstes Ziel ist, für Gerechtigkeit zu sorgen.«

»So eine Art Hilfspolizist demnach?«

Was zu weit ging, ging zu weit! »Schmieder, ich danke dir für den Kaffee.«

»Du hast noch nicht ausgetrunken.«

»Never mind. Ich muss aufbrechen.«

»Unser nächstes konspiratives Treffen ...?«

Meyer tat, als ob er nichts hörte.

»Herodot legt die Wiege des Biers nach Ägypten«, rief Schmieder, als die Eingangstür im Erdgeschoss bereits zuschnappte.

»Von mir aus nach China!«, rief ein Nachbar. »Auf eure dämliche Revolution können wir verzichten. Verdammte Unruhestifter, zieht nach Russland und werdet Leibeigene, wenn es euch bei uns nicht gefällt!«

»Oder in die Südstaaten, als Sklave, Sie Ignorant«, schrie Schmieder mit hochrotem Kopf und knallte die Tür zu. Meyer hörte ihn auf der Straße noch schimpfen. Sein Freund war extrem eigensinnig geworden. Lag es am Leben ohne Ehefrau? Schmieder darauf anzusprechen, wäre vergebliche Liebesmüh. Erst wenn das Fass überlief, erfuhr man mehr. Morgen würde er in der Brauerei ermitteln. Bemerkenswert, dass ein Arbeiter verunglückte und kurz danach ein weiterer vermisst wurde ...

Kapitel zwei: Brauer und fliegende Händler

Antz' Brauerei befand sich in der South Water Street. Um die Straße zu benennen, hatten die Stadtpolitiker eine Nachtschicht eingelegt. Sie lag am Chicago River, auf der südlichen Seite! Was sollte man erwarten? Chicago hieß »the windy city«, nach den fragwürdigen Geschäften, die hier getätigt wurden. Zum Arbeitsplatz des Vermissten musste Meyer etwa einen halben Kilometer zurücklegen. Einspänner, Planwagen, Reiter, die halbe Stadt war unterwegs. Nur bei Tante Paulas Haus gab es einen steinernen Gehweg. Danach schritt er im besten Fall auf Pinienholz, weich und widerstandsfähig. Das Konstrukt gab auch Ratten ihre Behausung. Sie hegten Frühlingsgefühle, raschelten aufgeregt. Viele Städter nutzten den Chicago River zur Abfallentsorgung und so roch es auch. An der Clark Street winkte ihm zum Passieren der Schwenkbrücke der diensthabende Polizist gönnerhaft zu. Segelschiffe schlängelten sich anmutig vorbei. Einen schwitzenden Bierkutscher, der Fässer auf sechsspännigem Wagen festzurrte, ging er an: »Wo finde ich den Vorarbeiter?«

»Würde es mal drinnen in der Halle versuchen, Kumpel«, sagte der Mann und zog sich auf den Kutschbock. »Oder glaubste, er sitzt in 'nem Bierfass? Hüäh, faule Bande!« Die Pferde wieherten, versuchten vergeblich, seiner Peitsche auszuweichen.

Als Meyer die Halle betrat, stockte ihm der Atem. In riesigen Zubern dampfte und blubberte Gerste. Ein hagerer, krummbeiniger Mann strafte ihn mit vorwurfsvollem Blick. »Kann man helfen, Mister?«

»Es kommt ganz darauf an.«

»Schlaumeier haben hier nichts zu suchen! Raus aus meiner Halle!«

»Paul Walker!«

Die ohnedies kleinen Augenschlitze des Mannes verengten sich auf Papierdicke. Er wischte sich die Hand an der Schürze ab und streckte sie Meyer entgegen. »Joe Feldmann. Bin der Vorarbeiter. Schlimme Sache, das mit dem Jungen. Kennen Sie ihn?«

»Ist ein Freund. Max Meyer der Name.«

»Wusste nicht, dass Paul Freunde hat.«

»Ich bin mit der Family bekannt.«

»Haben Sie sich beim Big Boss angemeldet? Das müssen Sie unbedingt machen. Sonst bekomme ich Ärger.«

»Keine Sorge, ich habe mit Herrn Antz *getalkt*.«

Feldmann hob die Arme prophetisch in die Luft. »Was möchten Sie von mir?«

»Ihnen ein paar Fragen stellen. Ist das okay?«

»Sofern ich nebenher arbeiten kann. Auf Antz-Bier warten hunderttausend durstige Bürger, mein Herr.«

Meyer versuchte, wissbegierig zu klingen. »Trinkt jeder in Chicago Antz-Lager?«

»Nach der Vorstellung vom Chef sollte es so sein. Sie mögen es hoffentlich auch?«

»Welcher Deutsche tut das nicht?«, antwortete Meyer und breitete nun seinerseits die Arme aus.

»Einer steht vor Ihnen.«

»Sie mögen kein Bier?«

»Nein.«

»Temperenzler?«

»Als Bierbrauer? No!«

»Ihr Verhalten ist … ungewöhnlich, würde ich sagen.«

»Wenn Sie den ganzen Tag mit dem Getränk zu tun haben, widersteht es Ihnen irgendwann. Konditoren müssen auch nicht von morgens bis abends Kuchen futtern.«

»Paul hat also keine Freunde. Wie steht es mit Kollegen?«

»Einzelgänger, grüßte morgens und abends. Muss ins andere Gebäude. Folgen Sie mir.« Feldmann eilte in eckigen Schritten zu einer Halle hinter dem Hauptgebäude und öffnete die Tür. »Vorsicht! Nicht reintreten!« Auf dem Boden lag Gerste, vier, fünf Zoll hoch geschichtet. Feldmann griff sich einen langen, hölzernen Rechen und kehrte das Getreide um.

»Was geht hier vor sich?«, fragte Meyer.

»Gerste weichen wir in Wasser ein. Drei Tage später wird sie auf dem Boden zum Trocknen ausgelegt. Wir schaufeln ständig, damit sie nicht verfilzt. Sehen Sie die Punkte am Ende?«

»Nein.«

Feldmann schüttelte unwirsch den Kopf. »Das Weiße ist der Keim, morgen auch für Laien erkennbar. Zeigen sich Wurzelfäserchen, kehre ich mein Beet noch mal um.«

»Woher wissen Sie, wann der Prozess beendet ist?«

»Easy! Wenn der Keim ein bis anderthalb Mal so lang ist wie das Korn«, erklärte der Vorarbeiter mit Befriedigung in der Stimme.

»Paul macht das Spaß?«

»Ha, ganz im Gegenteil! Unser schmächtiges Kerlchen hat Probleme, den Rechen zu heben. Hinter einem Schreibtisch wäre er besser aufgehoben. So, alles erledigt. Muss ins andere Gebäude zurück.«

»Paul macht sich auch nichts aus Bier?«

»Ist noch harmlos formuliert. Anfangs kannte er nicht mal den Unterschied zwischen Ale und Lager. Wir Deutsche rösten die Gerste gerne. Das erzeugt ein schönes Aroma, guten Geschmack und erhöht die Haltbarkeit des Bieres.«

»Ist das alles?«, konnte sich Meyer nicht verkneifen zu fragen.

»Natürlich nicht. Kommen Sie. Zeige Ihnen den Rest.«

Meyer stöhnte.

»Haben Sie was gesagt?«

»Sorry, nein. Fahren Sie bitte fort.«

Feldmann führte ihn zu einer riesigen, hohen Wanne ohne Deckel. »Gemälzte Gerste, also Malz, wird mit heißem Wasser und Hopfen vermischt. Wenn Sie ihn gleich zugeben, macht er das Bier zu herb und bitter. Später eingebracht, bringt er ein gutes Aroma.«

»Aha.«

»All das geschieht in der Würzepfanne. Die Essenz dieser Mischung wird abgezogen, und weitere Schritte erspare ich Ihnen.

Ist der Brauvorgang beendet, wird das Bier in Fässer gefüllt, die wir unterirdisch stapeln. Unser Bier wird gelagert, daher der Name Lager. Es reift, hält länger und mundet besser. Yanks stellen ihr Bier auf den Ofen, trinken es nach sieben Tagen und bekommen Kopfschmerzen.«

»Auf den Ofen?«, fragte Meyer.

Der Vorabeiter verzog das Gesicht. »War ein Scherz.«

»Trinken nur Deutsche Ihr Bier?«

»Nein, auch manche Amerikaner. Nativisten mögen unser Lager natürlich nicht.«

»Weil es von Fremden gemacht wird?«

»Korrekt.«

»Ist das immer noch so?«

Feldmann sah in die Luft und Meyer wusste, dass er die Aufmerksamkeit des Mannes nicht mehr lange besitzen würde. »Werden Angestellte deutscher Brauereien belästigt?«

»Hängt ganz davon ab, wo man sich aufhält.«

»Wurde Paul jemals angegriffen?«

»Kann schon sein.«

»Wer hat ihn attackiert?«

»Hat er nicht verraten. Sind wir fertig?«

»Sofort. Was macht Ihr Kollege in der Freizeit?«

»Nur eine Sache fällt mir ein. Weiß aber nicht, ob ich darüber sprechen soll.«

»Wir wollen nur das Beste für Paul.«

»Er ist immer knapp bei Kasse.«

»Weshalb?«

»Frauen und Kartenspiel, schätze ich. Wollen Sie probieren? In unserem Bier ist alles drin, was Männer brauchen!«

»Danke nein, zu früh am Tag. Sagen Sie, wie war das mit dem Unfall, der sich hier ereignete?«

»Kann ich nicht wissen.«

»Ich verstehe, dass Sie sich hinter den Boss stellen. Er war es aber, der mir davon erzählte. Mich interessiert Ihre Sicht der Dinge.«

»Sie reden vom jungen Glück?«

»Bitte?«

»Der Kollege hieß Glück. Schon vergessen? Er wurde von Bierfässern erschlagen. Mehr ist über diesen Unfall nicht zu sagen!«

»Wissen Sie, wo Mister Glück wohnte?«

»Fragen Sie den Big Boss.«

»Vielleicht haben Sie Recht. Ihr Chef wird sich freuen, dass Sie so diskret sind.«

»Sie erzählen ihm doch nicht haarklein, worüber wir gesprochen haben?«

»Wenn Sie nicht möchten …«

»Schon gut. Glücks wohnen gegenüber von Paul.«

Obwohl es bereits dunkel wurde, dachte niemand daran, die Laternen anzuzünden! Der Wind hatte tagsüber Kräfte gesammelt und wehte Meyer den Hut vom Kopf. Er bückte sich und bemerkte, dass man ihn vom zweiten Stock der Brauerei beobachtete. Wer es war, konnte er nicht sehen. Gut sichtbar waren Ratten, welche durch ein Loch im Gehweg spähten. Vorsichtshalber trat er auf die staubige Straße, kaufte einem fliegenden Verkäufer noch die Illinois Staatszeitung ab, gemäß Tantchen reine Geldverschwendung. Doch das sagte sie über alles Geschriebene, mit Ausnahme der Bibel. Zahlen interessierten sie mehr. Er musste wieder an Antz denken. War es ein Fehler, Feldmann nach dem verunglückten Arbeiter zu befragen? Er wollte den Unternehmer nicht hintergehen. Doch auch kleinste Indizien konnten hilfreich sein.

Chicagos fliegende Händler, Peddler genannt, waren Bewohnern willkommen, welche kein Pferd besaßen und die langen Wege in der immer größer werdenden Stadt nicht mehr bewältigen konnten. Sie durchstreiften die Straßen und schepperten mit großen Klingeln, bis Kunden ihre Dienste in Anspruch nahmen, erleichtert, den hässlichen Ton aus dem Ohr zu bekommen. Andere Händler kannten ihre Kunden und fuhren feste Routen. Unweit der Brauerei traf Meyer am nächsten Tag auf einen von ihnen. Er war ungefähr zehn Jahre alt und stand in der South Water Street, dort, wo der Fluss sich gabelte. Sein breitkrempiger, runder Hut war zu groß. Jacke und Kniebundhose hatten ältere Brüder bekleidet. Um seine Schultern hing ein Bastkorb. In der linken Hand hielt er ein kleines Kästchen.

Meyer ging langsam auf ihn zu. »Schöner Tag heute, was?«

Der Junge stierte ihn an. Unter seinem Hut ragte dichtes Haar hervor.

»Ire?«, fragte Meyer.

»Nur wegen roten Haaren?«, fragte er.

»Kein Grund zur Aufregung. Ich habe nur geraten.«

Der Junge verschloss eilig seinen Korb, wollte gehen.

Meyer hielt ihn am Arm fest. »Nicht so hastig, junger Mann.«

Er schaute zu ihm hoch wie ein Tier in der Falle. »Hab schon genug Feinde. Ladenbesitzer packen mich am Kragen, weil ich günstiger bin!«

»Will dir nur einige Fragen stellen. Wie heißt du?«

»Neil«, erwiderte der Junge trotzig. »Springt was für mich raus? Muss meine Familie durchbringen!«

Meyer wusste nicht, ob er lachen oder heulen sollte. Schicksale wie dieses gab es allzu häufig in der Stadt.

»Gucken Sie mich bloß nicht so mitleidig an! Mag die Arbeit. Bin mein eigener Herr und wäre auch nicht der Erste, der in die Society einsteigt.«

Meyer lachte herzlich. »Du hast völlig Recht. Dafür gibt es zahlreiche Beispiele.«

»Sehn Se!«

»Was hast du denn zu verkaufen?«

Der Junge lächelte listig und stellte seinen Korb auf den Boden, nun ganz Geschäftsmann. »Wurstbrote und gekochte Eier. Alles heute Morgen von meiner Ma frisch zubereitet.«

»Keine Socken und Hosenträger?«

»Überlasse ich den Deutschen«, erwiderte der Junge altklug.

»Zwei Wurstbrote und ein gekochtes Ei, bitte.«

Mit der rechten Hand zog Neil die Ware aus seinem Korb. Die Linke streckte er ihm entgegen.

»Keine Sorge, ich bezahle dich.«

»Is 'ne Vorsichtsmaßnahme. In meinem Beruf muss man auf der Hut sein.«

»Stehst du immer hier?«

»Wieso?«

»Junger Mann, unser Deal beinhaltet, ich kaufe dir etwas ab und du beantwortest Fragen.«

Der Junge nickte, als ob ihm das Angebot erst jetzt gemacht worden wäre. »Is keine schlechte Gegend. Kunden kommen zu mir.«

»Leute von der Brewery auch?«

»Lässt sich kaum vermeiden.«

»Kennst du Paul Walker?«

»Nie gehört. Aber Namen sagen mir nix.«

»Anfang zwanzig, blonde Haare, schmal.«

»Warum haben Sie das nicht gleich gesagt! Is in Ordnung, der Typ. Hab ihn schon 'ne Weile nicht mehr gesehen.«

»Wie lange?«

»Sie denken, es is noch im Preis drin?«

»Oh ja, allerdings.«

»Schon gut. Könnt 'ne Woche her sein.«

»Bist du sicher?«

»Klar! Is schließlich 'n guter Kunde.«

»Welchen Eindruck machte er?«

»Hä?«

»Ordentlich gekleidet? Riecht er nach Alkohol?«

»Nö! War gut angezogen, der junge Mann. Alkohol zu riechen is schwierig, wenn einen ständig Bier und Abfälle in der Nase zwicken.«

»Kennst du andere Brauereiarbeiter?«

»Mann, das is jetz aber zu viel. Muss auch schleunigst los!«

Meyer hatte selten jemanden so schnell rennen sehen.

Am Fluss machten Importunternehmen, Transport- und Holzfirmen ihr Geschäft, und auf der Südseite hatten sich in den Erdgeschossen der mächtigen, vierstöckigen Gebäude vereinzelt kleine Gemischtwaren- und Spirituosenhändler eingemietet. Meyer trat in das Geschäft von Herrn Wünnemann und Co. Im Schaufenster lag ein baumwollgelockter Hund, den er im ersten Moment für eine Attrappe hielt, bis er heiser bellte. »Good morning«, sagte Meyer.

Mister Wünnemann (oder Herr Co.?) sortierte quälend langsam Flaschen in ein Regal. »Yes, please«, erwiderte er monoton.

»Stammen Sie aus Schwaben?«, fragte Meyer.

Der Shopbesitzer formte einen Froschmund. »Wie kommen Sie darauf?«

»Ihre Art, Worte zu betonen ...«

»Jaja, kann schon sein. Womit kann ich Ihnen dienen?«

»Flasche Whiskey, bitte.«

»So, was für einen möchte der Herr erwerben?«

Die meisten Whiskeys wurden aus dicken Steingutkrügen abgefüllt. Meyer zeigte auf eine der wenigen Glasflaschen.

»Oh, A.M. Bininger und Company. Vorzügliche Wahl, Sir!«

»Laufen die Geschäfte gut?«

»Man darf nicht klagen, meint die Gattin.«

»In der Nachbarschaft einer Brauerei wird eher Bier getrunken?«

»Kann man so nicht sagen.«

»Da haben Sie Recht. Erst neulich habe ich mit einem Arbeiter gesprochen. Ob Sie es glauben oder nicht, der Mann mag kein Bier.«

»Solche Kunden habe ich auch.«

»Aus Antz' Betrieb?«

»Da gibt es sogar zwei Kandidaten, die mich regelmäßig zur Lunchtime beehren.«

»Freunde?«

»Sie erscheinen immer getrennt, wenn Sie das meinen.«

»Ist einer der beiden Anfang zwanzig, blond, schlaksig?«

»Wir kümmern uns lieber um persönliche Angelegenheiten. Darf es außerdem noch etwas sein, der Herr?«

»Danke, nein.« Meyer verließ das Geschäft und suchte einen Platz, von dem aus er Brauerei und Laden überblicken konnte.

Er wollte sehen, welche von Antz' Arbeitern ihren Stoff bei Wünnemann und Co. kauften. Bis zur Mittagspause würde noch etwas Zeit vergehen. Er deponierte den Whiskey auf dem Boden und fischte die neueste Ausgabe der »Solidarität« aus seiner Jacke. Schmieders vierseitiges Blatt erschien alle zwei Wochen und wurde maßgeblich über Beiträge seines Bundes der Revolutionäre subventioniert. Anzeigen lehnte er strikt ab. Kurz nach zwölf trottete dann Feldmann in das Spirituosengeschäft und verließ es mit flüssigem Lunch. Noch beim Überqueren öffnete er die Whiskeyflasche und trank gierig.

Weil Gläubige sich gerne trockenen Fußes ins Gotteshaus begaben, prüfte Tante Paula gleich nach dem Aufstehen das Wetter. Sonntags arbeitete auch sie nicht und ähnelte damit wenigstens einmal Amerikanern. Sie trug ihr schwarzes Kostüm, weiße Bluse und den guten Hut. Ihre Männer, im Esszimmer frühstückend, sollten natürlich mitkommen! Wie üblich begann Paula ihr Plädoyer mit einem Bibelzitat: »Vollendet waren der Himmel und die Erde und all ihre Schar. Vollendet hatte Gott am siebenten Tag seine Arbeit, die er machte, und feierte am siebenten Tag von all seiner Arbeit, die er machte. Gott segnete den siebenten Tag und heiligte ihn, denn an ihm feierte er von all seiner Arbeit, die machend Gott schuf.«

»Amen!« Herbert sah von seinem Teller auf: »Porridge aus Indian Corn isch wirklich nicht schlecht.«

Kurz geriet Paula aus dem Takt, denn vor Indianern hatte sie Angst. Es genügte, von ihnen zu sprechen. »Herbert, ich bat dich inständig, dieses … Wort nicht mehr zu gebrauchen.«

»Welches Wort?«

»Du weißt schon!«

»Indian Corn?«

»Welschkorn! So hieß es in Baden und landete im Trog von Stalltieren.«

»Brei der Ureinwohner …?«, schlug Meyer vor.

»Die Gabel liegt in der linken Hand, während die Rechte das Messer führt! Nur weil wir in der Fremde leben, legen wir nicht alle Tischsitten ab. Sagt, wollt ihr euch wirklich nicht beigesellen?«

»*Noo-i*«, sagte Onkel Herbert, »Republikaner gehen niemals in die Kirche und Badener essen keine schwäbischen Maultaschen!«

»Unser Herrgott nimmt auch reuevolle Schafe auf.«

»Soll er«, erwiderte Herbert und widmete sich dem zweiten Gang, Beefsteak mit Pfannkuchen.

»Jeder Tag kann der Letzte sein, und seinem Schöpfer sollte man gewappnet begegnen.«

»Meinsch du?«

»Maximilian, in der Kirche sitzen stets nette, junge Damen.«

»Spute dich lieber, Tantchen. Sonst kommst du zu spät zu deinen Betgeschwistern.«

»Auch du wirst das heilige Sakrament der Ehe eingehen müssen, Neffe. Warum nur bist du so ein … Detektiv geworden?«

»Werte Tante, ich helfe Menschen in Not, wie dem netten Gentleman, der im Geschäft nichts erwarb. Erinnerst du dich?«

»Verspotte nur deine arme Tante! Trinkt mir bloß nicht neben einer Kirche!«

»Wenn du uns auch etwas versprichst.«

»Ja …?«, fragte sie erwartungsvoll.

»Sprich doch bitte ein Gebet für Großherzog Leopold von Baden.«

»Mir reicht es mit euch Gottlosen! Adieu!«

»Beeile dich. Den Herrgott lässt man nicht warten. Schöne Grüße an Egon.«

»Wer ist das?«, fragte Paula.

»Unser Raubritter im Flur. Sehr praktisch, wenn du mal ein passables Versteck suchst.«

Herbert hatte sich bereit erklärt, dem Neffen zu helfen. Sie wollten in Paul Walkers Nachbarschaft ermitteln. Danach würde man einen Biergarten aufsuchen, ob mit oder ohne nachbarschaftliche Kirche. Hauptsache, das Lager mundete. Er zog sein kurzes Ausgehjäckchen an, setzte die Kappe auf den *Deez* und steckte die Meerschaumpfeife in die Tasche.

»Gehen wir zu Fuß?«, fragte Meyer.

»Bisch du verrückt? Viel zu weit! Wir nutzen die Gelegenheit und führen Fanny aus. Wenn wir uns beeilen, sind wir vor deiner Tante zurück.«

Nur Paula durfte die braun-weiß gefleckte, stämmige Stute für geschäftliche Belange anschirren. Als die beiden den Stall betraten, wieherte das Pferd freudig. Den geräumigen Holzschuppen bewohnten außerdem *Gockler* Leopold mit zehnköpfigem Harem sowie eine Hasensippe. Fanny zog die Männer der hektischen, kleinen Frau vor und ließ sich geduldig von Herbert vor die Kutsche spannen. Das Gefährt lief auf vier Holzrädern, zwei große am Heck und zwei kleinere auf der Frontseite. Fahrer wie Beifahrer saßen auf einer Bank. Dahinter befand sich die lange Ladefläche mit Klappen auf drei Seiten. Herbert lenkte den Wagen vorsichtig über die Clarke Street. Er wollte nicht, dass Fanny sich an Steinbrocken die Hufe verletzte. Vor der Schwingbrücke am Fluss mahnte der wachhabende Polizist sie mit affig gestrecktem Arm, stehen zu bleiben.

»Immer diese Warterei«, schimpfte Herbert.

»Frachtschiffe müssen auch weiterkommen.«

Herbert schüttelte den Kopf. »Sonntags?«

»Du meckerst wie Tantchen.«

»Hasch ein bissl Recht. Es wird Zeit, dass ich zwei, drei Bierlen trinke!«

Hinter ihnen formierte sich ein Stau aus ungeduldigen Kutschern, Reitern und Fußgängern. Natürlich hätte jeder einzelne die Brücke dreimal so schnell geschwenkt! Endlich streckte der Polizist den Daumen in die Luft. Herbert trieb Fanny an und sie trabte weiter. »Halt deinen Hut fescht!«

»Immer derselbe Joke.«

»Entschuldigung, gleich kommt das irische Viertel. Ich habe dich jedenfalls vor der Kniebundhosenfraktion gewarnt.«

»Iren sind nicht so schlimm, wie viele sagen. Mensch bleibt Mensch.«

»Hajo, und Kanalarbeiter isch Kanalarbeiter.«

»Ah, der Illinois-Michigan-Kanal. Wie viele Deutsche haben beim Bau noch mal geholfen?«

»Isch ja gut, Neffe. Setz dich auf deine Geldbörse, damit sie nicht vom *Karch* rumpelt. Ab jetzt verlaufen die Straßen nicht mehr so komfortabel wie downtown. Wir fahren über schlammige, schmierige Holzplanken, und es wäre schade, wenn du deine Ersparnisse verliersch, gell.«

Viele Iren wohnten in Shanties, einfachen Holzhütten, die nur notdürftig gegen Regen, Wind und den harschen Chicago-Winter schützten.

»Sakrament, hasch du das gesehen! Nimmt mir der Kerl glatt die Vorfahrt!« Meyer schmunzelte, denn trotz aller Scherze fühlte sein Onkel sich in diesem Stadtteil unwohl. Wäre es nicht der kürzeste Weg gewesen, hätte er das irische Viertel tunlichst vermieden. An der Chicago Avenue wurde er gelassener und freute sich über die deutschen Stimmen. »In welcher Straße wohnt der Junge?«

»Goethestraße«, antwortete Meyer.

»Okay, ich weiß ungefähr, wo das liegt.«

»Besser, wir fragen jemanden.«

Herbert winkte energisch ab. »Das kriegen wir hin. Keine Sorge.«

Dreißig Minuten später sahen sie auf den Lake Michigan. »Am See wohnt er nicht«, stellte Meyer lakonisch fest.

»Fragen wir Anrainer, wenn du unbedingt willsch.«

Ein Bayer in Lederhosen hatte bereits begehrlich am Straßenrand gewartet, um seine Ortskundigkeit demonstrieren zu können. »Mei, die Goethestraßn! Da fahrt's gradaus. Hernach nehmt's die fünfte rechts und dann die zweite links. Zu wem wollt's denn?«

»Großherzöglichen Dank, mein Herr. Auf Wiederschaun! Max, wie kommt der Junge zur Arbeit?«

»Berechtigte Frage. Die Goethestraße liegt über 20 Blocks von der Brauerei entfernt.«

»Per Pedes?«

»Muss wohl so sein.«

»Mehr als vier Kilometer? Da isch er lange unterwegs.«

»Willenskraft und Energie kann man ihm nicht absprechen. Da wären wir, Goethestraße 21.«

»Im Erdgeschoss isch ein Grocereien-Geschäft. Augen auf, Herr Detektiv! Bemerksch du das rege Treiben an der Nebentür? Während des städtisch verordneten Ladenschlusses …«

Der flachsblonde Besitzer in verschmutztem, weißen Kittel schob einen Kunden hinaus und wollte die Tür verriegeln, dabei Meyer von Kopf bis Fuß musternd. »Nur ein guter Freund, Gentlemen. Habe ihm Medizin geschenkt, für die kranke Mutter.«

»Reizend. Paul Walker?«

»Von Anfang an kam mir die Sache merkwürdig vor!«

»Sie sprechen in Rätseln, mein Herr.«

»Walker zahlte die Miete immer im Voraus.«

»Als Vermieter müsste Ihnen das recht sein.«

»Ja, es ist allerdings … komisch.«

»Hat er noch andere Untugenden?«

»Trinkt angeblich nichts! Wenn alle Leute so sonderbar wären, könnte ich meinen Laden dichtmachen. Möchten Sie Schnaps?«

»Etwas teuer, finden Sie nicht? Die Gallone kaufen Sie für dreißig Cents. Ergibt eine Gewinnspanne von gut 300 Prozent.«

»Ist überhaupt kein Verbrechen!«

»Sofern Sie echten Schnaps ausschenken, nicht.«

»Hören Sie bloß auf!«

»Seit wann war Mister Walker nicht mehr zu Hause?«

»Morgen sind es zwei Wochen.«

»Wir würden gerne sein Zimmer sehen.«

»Ob ich das erlauben kann, vielleicht beschädigen Sie etwas und ich muss dafür aufkommen.«

»Wo ist die nächste Markthalle?«

»Brauchen Sie Getränke? Hab doch alles da.«

»Sie wissen, dass die Polizei in den Markthallen Stationen hat? Ihr Ladenschild behindert den Verkehr. Erinnern Sie sich an Long John Wentworths Razzia gegen Chicagos Schilderflut?

Keine Ahnung, wie das amtierende Stadtoberhaupt darüber denkt. Aber gefallen wird es ihm auch nicht.«

»Selbstverständlich können Sie die Sachen sehen.«

»Löste sich Walkers Zimmer in Luft auf?«

»Hab seine wenigen Habseligkeiten in den Reisekoffer gelegt. Damit alles schön beisammen bleibt.«

»Sehr nett von Ihnen. Warum haben Sie das getan?«

»Miete ist fällig.«

»Sagten Sie nicht, dass er im Voraus zahlt?«

»Morgen endet die letzte Zahlung.«

»Der Junge wird nur vermisst.«

»Falls der neue Mieter nicht erscheint, nehme ich ihn natürlich wieder auf.«

»Es gibt kaum herzensgute Menschen wie Sie.«

»Schwere Wirtschaftskrise im vergangenen Jahr. Wir müssen alle sehen, wie wir über die Runden kommen. Ich gehe vor.«

»Solange Sie uns nicht die Tür vor der Nase zuwerfen.«

Der Mann lachte verlegen und zeigte zur schmalen Treppe. Die Holzstufen knarzten bei jedem Schritt. Langsam schloss er die Tür auf. Das Zimmer roch nach brachialem Putzmittel und war spartanisch eingerichtet, Schrank, Bett, Tisch und Stuhl.

»Welch Augenweide!«

»Untersuchen Sie das Gepäckstück ruhig. Aber bitte, bitte nichts kaputt machen.«

Meyer sah ihn böse an, legte seinen Hut auf den Tisch. Der Vermieter hob das Gepäckstück ächzend auf das Bett. Im Türrahmen drehte er sich noch einmal um. »Danke, das wär's dann!«, rief Meyer und machte den Koffer auf. Zwischen zwei Hemden, Hosen, Socken und Unterwäsche lag das Bild eines Ehepaares mit Widmung auf der Rückseite (»Herzlichst, Mama«), eine Bibel, etwas Geld und »Ten Nights in a Barroom«. Das Buch berichtete von Folgen der Alkoholsucht. Sollte der junge Mann abhängig sein?

Kapitel drei: Traditionen verpflichten

»Bin kurz vor dem Verdurschten! Beginnt endlich der gemütliche Teil?«, fragte Herbert vor dem Haus des Krämers und zog langsam die Hand über seinen gepeinigten Hals.

»Wir werden sehen, Onkelchen.«

»So geschwollen redesch du immer, wenn du mich vertröschten willsch. Schlimmes Schicksal, zu vertrocknen wie ein alter Schildkröt! Stopf mich lieber schön aus und bring mich zum Tiermuseum.«

»Okay, du hast mich überredet.«

»Tatsächlich, wir machen Nägel mit Köpfen?«

»Versprochen ist versprochen. Wo gibt es denn in Chicago ein Tiermuseum?«

»Isch nicht so wichtig.« Einen Mann mit Tirolerhut, der auf zerknautschten Kissen im Fensterrahmen lehnte und neugierig Passanten beobachtete, fragte Herbert. Er machte ein überraschtes Gesicht und stieg wieder auf den Wagen.

»War der Mann schwerhörig?«

»Nein, er schwätzt eigentümlichen Dialekt.«

»Tirolerisch?«

»Eher Plattdeutsch, schwierig, ihn zu verstehen.« Herbert zog seine Pfeife aus der Tasche und stopfte sie mit der Freude des passionierten Rauchers.

»Brechen wir heute noch auf?«

»Grünschnäbel! Habt keine Geduld im Leib.«

»Warum fahren wir nicht weiter?«

»Gleich marschiert aus der Seitenstraße eine zünftige Blaskapelle auf.«

»Onkel Herbert, du übertreibst. Das wäre nicht nötig gewesen, zumal ich inkognito hier bin.«

»Witzbold. Wenn wir jetzt losfahren, geraten wir mitten rein.«

»Sind die Musikanten bewaffnet?«

»Schwätz doch keinen Käs. Die Herren marschieren zum näkschden Biergarten. Wir zuckeln ihnen gemütlich hinterher und hören dabei Musik. Isch eine feine Sache.«

Meyer sprang vom Wagen.

»Gehsch du Witwe Glück besuchen?«

»Dir kann man nichts erzählen!«

»Hab's nicht so gemeint. Vielleicht isch die *Witfrau* ja auch schon älter.«

»Onkel Herbert!«

»Geh nur. Ich halte die Stellung.« Ein Mann auf der anderen Straßenseite starrte Herbert an und drehte den Kopf erst weg, als er ihm winkte. Fünf Minuten später kehrte sein Neffe mit einer Zeitung zurück. Der Wind drückte ihm die riesigen Papierbögen als schlecht geschnittenes, weiß-schwarzes Kleid auf den Leib. Herbert rief nach Fanny. Max klammerte sich mit der freien Hand an die Sitzbank. »Mir ginge es erheblich besser, wenn du nicht immer auf der Vorfahrt bestündest.«

»Wer geradeaus fährt, hat freie Bahn und sämtliche Abbieger müssen warten. So sind die Regeln.«

Einige Meter hinter der Blaskapelle bremste Herbert den Wagen scharf ab. Die Musiker marschierten mit Trompeten und Pauken vor ihnen her.

Kirchgänger entsandten missbilligende Blicke: Es ziemte sich nicht, am Tag des Herrn Getöse zu veranstalten. »Neffe, kannsch ruhig deine Staatszeitung studieren. Ich bringe uns gut behütet zum Paradies.«

»Wie heißt die Formation?«

»Sprichsch du von der Kapelle? Concordia Degerloch.«

»Auch das noch!«

»Unter den Schwaben soll es auch rechte Menschen geben. Zünftig aufspielen können Sie jedenfalls. Das musch du zugeben.«

»Sofern man diese Art von Musik mag.«

»Wir Deutsche wissen, wie man gemütliche Sonntage verbringt. Die Yanks können sich eine Scheibe abschneiden.«

»Ob Rassismus beim Fall eine Rolle spielt?«

»Möglich isch alles. Jedenfalls haben es Oschtküschtler in Chicago nicht einfach. Das isch wie Schwaben in Baden und …«

»Ich bin zuversichtlich, im Biergarten weitere Informationen zu bekommen!«

Herbert rümpfte die Nase. Ihm hatte man gesagt, dass der lustige Teil des Tages beginne. Also musste es möglich sein, Anekdoten zu erzählen. »Jedenfalls …«

»… der Kopf isch dicker als der Hals.«

»… gab es in Karlsruhe einen Schwaben. Er benutzte vorzugsweise Worte, die mit »ah« begannen, sprach »ah« nicht wie »ah« aus, sondern »oooh«, wie einen zähen Brei, den man sich zurechtkauen muss und …«

»Vielen Dank, dass du diese Anekdote erneut mit mir teilen wolltest.«

Über dem Eingang des Biergartens verkündeten goldene Lettern: Zum fröhlichen Fass. Für Menschen, die nicht oder nur mühevoll lasen, hatte man auf dem Schild noch prächtige Bierfässer abgebildet. Auf einer Anhöhe im Garten formierte sich die Kapelle.

Herbert eilte auf einen freien Tisch zu. »Herrlich! Was würden wir ohne diese Oasen der Geselligkeit machen!«

»Vielleicht unsere Bierkrüge in Kellerwirtschaften stemmen?«

»Ich rede von Wassersimpeln, die Alkohol verbieten wollen! Da kommt unsere Kellnerin. Guck freundlich. Dann lässt sie die Gläser bis zum Rand füllen.«

Die Bedienung war groß, stämmig, hatte blondes Haar und trug ein tief ausgeschnittenes Dirndl. Sie lächelte sie wie zwei alte Bekannte an.

»Wir nehmen zwei Lager und Brezeln, Love.«

»Allright. Kommt sofort, Boys«.

»Wäre das nicht eine Braut für dich, Neffe? Als zünftige Bayerin kann sie jodeln und Knödel kochen. Keine *Rattleschnake*.«

»Onkel Herbert! Ich bin bei der Arbeit. Außerdem ist das Mädchen höchstens zwanzig Jahre alt!« Er wartete, bis die Bierkrüge auf dem Tisch standen, trank hastig einen Schluck und entfernte sich. Herbert lehnte sich zurück und verschränkte die

Hände hinterm Kopf. Wenn Max nicht beizeiten zurückkehrte, blieb ihm nichts anderes übrig, als auch die zweite Maß zu trinken. Verkommen durfte das labende Getränk nicht. Es wäre eine Sünde. Er sah sich gönnerhaft um. Nur gut gelaunte Menschen. Herren tranken ihr Lager, die Damen und Kinder Limonade. Selbst die amerikanischen Gäste scherzten, unterhielten sich, sangen und wippten im Takt. Kein Wunder, dass vielen Yanks der beschauliche Kirchensonntag irgendwann auf den Geist gegangen war. Mit einem Mal wurde der Kopf so schwer …

»Ich habe mit den Musikern gesprochen«, sagte Meyer und schreckte Herbert aus seinem Schläfchen auf.

»Schawarawahr!«

»Was ist los?«

»Das isch Badisch für ›isch aber auch wahr‹.«

»Verstehe ich nicht.«

»Isch wird zu sch, aber heißt awar, auch ist a und wahr isch wahr, manchmal auch wohr. Macht alles zusammen schawarawahr«

»Jesses, es muss muss der Alkohol sein! Hast du mein Bier auch gestemmt? Mir soll es egal sein, solange du dein Gesäusel weglässt.«

»Nein, das isch Badisch, wenn ich's dir doch sage«, säuselte Herbert. »Großmutter Emilie hat es oft gesagt.«

»Gutes Bier?«

»Karlsruher Schnabel-Bräu isch besser gewesen.«

»Gibt es die Firma noch?«

»Nein, aber die Erinnerung wird nie vergehen.«

»Halleluja! Übrigens hat einer der Trompeter Vorarbeiter Feldmann hier gesehen.«

»Das hat mir Maria, die Kellnerin, schon verzählt. Sie erinnerte sich auch an einen adretten, jungen Herrn.«

»Walker?«

»Deiner Beschreibung nach wird er es gewesen sein.«

»Wann war das?«

»Isch drei, vier Wochen her. Er unterhielt sich mit jemandem.«

»Feldmann?«

»Klein, krumme Beine, machte ein grimmiges Gesicht.«

»Wie konnten die Musiker ihn übersehen?«

»Diese Burschen spielen erschtklassig. Wenn sie zwischendurch zu einem Bierle greifen, isch es nur menschlich.«

»Hat die Kellnerin mitbekommen, worum es in dem Gespräch ging?«

»Vielleicht fragsch du sie selbscht?«

Maria, die Kellnerin, wusste nicht, was die Männer besprachen, so sehr Meyer sich auch bemühte. Herbert zog ihn auf dem Heimweg damit auf. »Hättsch halt mit ihr ausgehen sollen. Hab's dir gleich gesagt.«

»Nein, Sie folgt einem Ehrenkodex.«

»Wie antike Römer?«

»Gewissenhafte Kellnerinnen belauschen keine Kundengespräche. Sollte man aus Versehen etwas aufschnappen, wird geschwiegen.«

»Erzähl das mal deiner *Dandene*!«

Im Allgemeinen empfing Paula ihre Männer mit Vorwürfen. Doch heute hörten sie Tantchen im Keller stöhnen, und weil auch noch merkwürdiger Geruch aufstieg, rannten sie besorgt nach unten. Sie stand vor einem Fass, das ihr bis ans Kinn reichte, und rührte mit langem Holzlöffel in zähflüssiger Masse, Schweißtropfen auf der Stirn.

»Little Paula«, sagte ihr Mann besorgt. »Isch alles in Ordnung?«

»Wir benötigen mehr Seife, und nenne mich nicht Klein-Paula. Du weißt, dass ich es nicht mag. Ihr riecht komisch! Nach Bierwirtschaft.«

»Tantchen, am Tage des Herrn zu arbeiten!«

»Seuchen scheren sich nicht um Wochentage und alle Gläubigen wissen, unser gnädiger Herr im Himmel erlaubt Gegenwehr!«

Spät nachmittags wollte Meyer sich in die Küche schleichen, um Wasser für Kaffee zu stibitzen. Seine Tante saß im Halbdunkel am rustikalen Eichentisch und schrieb wie die letzte Überlebende einer Sippe in ihr altes Haushaltsbuch. Ihren Neffen hatte sie bereits auf der dritten Treppenstufe vernommen. »Maximilian, Obacht! Hier lernst du fürs Leben. Sauberes, geschmolzenes Schmierfett mischt man in einem großen Gefäß mit Lauge.«

»Wie dieses schmucke Fass?«

»Vorzugsweise, ja. Anschließend rührst du tüchtig, bis eine schöne, weiche Masse entsteht. Salz und Harz werden untergemischt und alles gründlich gekocht. Man lässt die Mixtur abkühlen. Wenn sie erhärtet, setzt sich das Harz am Boden ab. Man schneidet es weg und schmilzt die Seife nochmals, um sie zu verfeinern. Jetzt die Flüssigkeit in einen schmalen Bottich geben und wenn sie hart geworden ist, in Stücke schneiden.«

»Danke, dass du mich an diesem Erfahrungsschatz teilhaben lässt, Tantchen.«

»Red nicht daher, du Griebelkopf. Dein Onkel schafft es niemals alleine, Seife herzustellen.«

»Warum benötigen wir soviel davon? Steht Besuch unserer Karlsruher Verwandtschaft an, und was ist ein Griebelkopf?«

»Der Scharlach geht um, du Schlaumeier.«

»Hast du diese frohe Botschaft in deiner Church vernommen?«

»Wo denn sonst!«

»Segnete der Kuttenträger sonntägliche Seifenproduktion ab?«

»Unser Herr Pfarrer forderte dazu auf. Mit der Bibel in der Hand.«

»Er hat auch nichts dagegen, dass du den Überschuss im Store verkaufst, oder?«

»Natürlich darf ich den Rest veräußern. Nun störe mich nicht weiter. Ich habe einen Brief an deine Mutter zu verfassen. Oder ist dir bekannt, ob du schon Scharlach hattest?«

»Da bin ich überfragt.«

»So habe ich es mir vorgestellt. Maximilian, höre. In der Kirche waren heute wieder nette, junge Damen zugegen und alle noch zu haben.«

»Ich muss weg.«

»Was ist denn am Tag des Herrn so wichtig, dass wir nicht übers Heiraten sprechen können?«

»Lesen.«

»Den Papiergeruch kann ich kaum noch ertragen!«

»Komm nicht mehr in meine schöne Stube.«

»Cholera und Typhus schlugen wir, und der Scharlach wird uns nichts anhaben«, rief Paula ihrem Neffen hinterher. »Noch eins: Durch Weisheit hat ER die Erde gegründet. Gefestigt den Himmel durch Verstand, durch seine Erkenntnis brachen die Flutwirbel auf. Und die Lüfte träufelten Tau. Ha! Ein Griebelkopf ist jemand, der einem auf die Nerven geht! Nur, weil du gefragt hast!«

»Amen«, rief Meyer und schloss die Tür zu seinem Zimmer. Mit vier dicken Holzscheiten machte er Feuer und mahlte die Kaffeebohnen zu feinem Pulver. Während das Wasser blubberte, tauchte er seine Feder in königsblaue Tinte und machte sich Notizen zum Fall. Es war schwierig, einen Menschen zu finden, der unauffällig lebte und kaum Spuren hinterließ: Paul Walker, ordentlicher Mensch, aus New York City nach Chicago gekommen. Er legte sich auf die Couch, denn heute war der Tag des Herrn. Zwei Bücher musste er dringlich studieren: »Ten Nights in a Barroom« und Schmieders »Prinzipien des harmonischen Zusammenlebens aller Menschen«. Den philosophischen Traktat, in ungezählten, schlaflosen Nächten verfasst, hatte sein Freund ihm vor Monaten aufgedrängt und wollte seitdem ständig darüber diskutieren. Mitmenschlichkeit gebot es, mit der Lektüre zu beginnen. Doch wer handelte gerne unter Zwang? Er markierte eine Passage in »Pitavals« Kapitel über Martin Guerre: »Nach acht Jahren erschien auf einmal ein Mann, der nicht nur den Namen, sondern auch das völlige Aussehen des Entwichenen hatte. Bertrande de Rols, die während der langen Zeit ihrer Witwenschaft sich einen unbescholtenen Ruf erhalten hatte, erkannte ihn sogleich für ihren Mann, und räumte ihm ohne Bedenken Wohnung, Tisch und Bett wieder ein.« Er legte das Buch zur Seite und schrieb »Identität« in sein Notizbuch.

Seine Verwandten waren mit starrsinnigen Kunden zugange, die Paulas selbstgebrautes Waschmittel kritisierten. Reklamation war ein Wort, auf das hin sie sich schneller bewegte als galoppierende Schwindsucht. »Nein, unter keinen Umständen verrate ich Wildfremden die Rezeptur! Unerhört, da könnte ja jeder hier aufkreuzen! Wenn sich Leinen verfärbt, liegt es an unsachgemäßem Umgang mit meinem hochwertigen Produkt!« Soweit er wusste, bestand ihr Wundermittel aus geschrotetem Heu, mit Wasser gemischt, bis einen aus dem Zuber kräftige Farbe anlachte. Er ging zu Fuß zur Brauerei, um wieder Neil, den kleinen Straßenhändler, zu befragen. Die Ratten hatten sich grollend in ihre Schlupfwinkel verzogen, warteten auf den abendlichen Festschmaus. Wenn nur die Holzplanken standhielten! Er verspürte kein Verlangen, im Unrat zu versinken und achtete penibel auf jeden Schritt. Der Eimer mit schmutzigem Wasser traf ihn wie eine Heimsuchung. »Herrgott noch mal!«

»Was wollen Sie? Unfälle geschehen!«, herrschte ein glatzköpfiger Pelzhändler ihn an.

»Gut zu wissen. Für den Fall, dass ich ein Bärenfell *buyen* möchte!« Sein Versuch, das Brackwasser abzuwischen, verschlimmerte alles. Jetzt stank auch das Taschentuch nach Putzwasser. Im Hafenviertel stand Neil nicht am gewohnten Platz. Missmutig stapfte Meyer auf der South Water Street weiter. An der nächsten Kreuzung saß der Junge auf dem Boden und kämpfte mit den Tränen.

»Hey Neil, läuft das Business so schlecht?«

»No, außer dass man mich vermöbelt hat, is alles in Ordnung.«

»Wer war es?«

»Blöder Ladenbesitzer.«

»Hat der Typ etwas dagegen, dass du auch Lebensmittel verkaufst?«

»Könnte ich verstehen. Nein, er behauptet, ich sei schlecht für's Geschäft, verscheuche mit meinem kümmerlichen Anblick die Kunden. Das nehme ich ihm übel und persönlich noch dazu. Aber morgen stell ich mich wieder dort auf. Solange ich den Kerl vorher seh, is es kein Problem. Warum kreuzen Sie wieder hier auf?«

»Ich wollte dich noch etwas fragen.«

»Hoffentlich sind Se hungrig gekommen!«

»Käsebrot und zwei gekochte Eier, bitte.«

»Eier habe ich heute keine. Meine Ma is krank.«

»Dann gib mir zwei Käsebrote.«

»Jetzt sind wir im Geschäft.«

»Du siehst doch, wer in der Brauerei ein- und ausgeht, nicht wahr?«

»Yeah.«

»Kleiner Mann mit krummen Beinen. Hast du den schon mal bemerkt?«

»Klar, sehe ihn oft.«

»Alleine?«

»Manchmal hat er mit dem jungen Mann gesprochen, nach dem Se mich das letzte Mal ausfragten.«

»Gab es Streit?«

»Hab nichts bemerkt.«

»Redete Paul auch mit anderen Leuten?«

»Fragen Sie mich was Leichteres.«

»So vor drei, vier Wochen?«

»Muss sagen, Sie denken sich viele Fragen aus, Mister Käse-Sandwich.«

»Hast du von dem Betriebsunfall etwas mitbekommen?«

»Wieso? Nein!«

Auf der South Water Street wurde Meyer fündig: »Zum Hades«, Kellerwirtschaft für durstige Arbeiter. Jemand, der hier Bier ausschenkte, konnte sich bessere Räume nicht leisten. An der Tür hing ein Hinweis: »Spucken geduldet – aber nur in Näpfe!« Es war so dunkel auf der steilen Holztreppe, dass er fast stolperte. Muffiger Kneipengeruch wehte ihm entgegen. Hinter dem Tresen stand der Wirt, einsam wie Robinson Crusoe, und polierte Biergläser. Hinter ihm machten sich billige Spirituosen den Platz streitig.

»Grüß Gott, der Herr. Was darf ich eingießen?«

»Lager, bitte. Treffender Kneipenname übrigens.«

»Danke sehr. Haben Sie den Hinweis an der Tür bemerkt?«

»Ich kaue keinen Tabak, rauche ihn auch nicht.«

»Bitte vielmals um Entschuldigung, Sir. Mir geht es um das Wohl aller Besucher. Wer tritt schon gerne in schmierige Prieme?«

»Schätze, den Spuckern selbst wird es nicht so viel ausmachen.«

»Gut gesprochen, Sir, sehr gut!« Er zapfte ein Bier und stellte es auf den Tresen. »Sind Sie aus der Gegend?«

»Karlsruhe.«

Der Hadeswirt wiegte den Oberkörper hin und her. »Ursprünglich kommen Sie aus Karlsruhe?«

»So ist es.«

»Jetzt wohnen Sie in Chicago?«

»Korrekt. Sie sind ein *Käpsele*.«

»Konschtanz«, erwiderte der Wirt hochmütig und dehnte den Rücken. »Was sich dort vor etwa zehn Jahren ereignete, muss ich Ihnen ja nicht erzählen!« Mit gewichtiger Geste zeigte er auf ein Porträt Friedrich Heckers.

»Schönes Bild«, sagte Meyer. »Vor allem die Kopfbedeckung gefällt mir.«

Erst jetzt bemerkte der Mann Meyers Schlapphut. »Sie haben mit Hecker gekämpft?«

»Leider nicht, aber 1849 unter Mieroslawski und Sigel gedient.«

»Heiliges Kanonenrohr!«

»Wie steht es mit Ihnen?«

»Es, äh, wir waren in der Heimat überzeugte Demokraten, wie unser großer Herr Doktor Hecker.«

»Ob Sie in den badischen Revolutionen kämpften, möchte ich wissen?«

»Es war mir, äh, nicht möglich. Böses Knie. Sie verstehen?« Er schaukelte das linke Bein als Gliederpuppe durch die Luft.

»Wann sind Sie in die USA gekommen?«

»Im Jahr 1856.«

»Großartig!«

»Wirklich, mit entsprechender Gesundheit hätte ich mich revolutionär verdingt!«

»Sie könnten sich immer noch nützlich machen.«

»Natürlich, der Herr. Wie kann ich dienen? Freiheitskämpfern verweigere ich nichts!«

»Sparen Sie sich die Hand auf der Brust. Ich suche einen Mann.«

»Mitstreiter aus alten Tagen?«

Meyer stöhnte. »Er arbeitet in Antz' Brauerei, klein, krumme Beine. Kennen Sie ihn?«

»Jawoll! Erscheint jeden Abend nach Dienstende, pünktlich wie ein Uhrwerk. Es wird nicht mehr lange dauern.«

Meyer setzte sich mit dem Bier an einen Tisch und versteckte sich hinter der Illinois Staatszeitung. Kurz darauf hörte er den Wirt schnarchen, Oberkörper und Kopf auf der Theke. Als neue Gäste eintrafen, schreckte er hoch. Auch Feldmann war dabei. Ohne Meyer zu bemerken, mäanderte er auf die Bar zu. Der Wirt nickte und goss braune Flüssigkeit in ein Stumpenglas. Feldmann kippte den ersten Whiskey und wischte sich den Mund ab. Der Konstanzer schenkte nach ohne zu fragen und Feldmann trank so schnell wie zuvor aus. Nach dem dritten Glas ließ das Zittern nach. Meyer stand mit seinem Bierglas auf und ging zum Tresen. »Lange nicht gesehen.«

»Sie schon wieder? Habe Feierabend!«

»Nur ein paar Fragen.«

»Keiner weiß mehr über den Burschen, Meyer!«

»Sehen Sie, das glaube ich nicht.«

»Ist mir doch egal.«

»Weiß Ihr Chef, dass Sie sich an seinem Bier gütlich tun?«

»Riesenblödsinn!«

»Ich habe nur geraten und ein getroffener Hund bellt bekanntlich. Können wir jetzt reden?«

»Von mir aus.«

»Sie erzählten mir, dass Sie außerhalb der Brauerei keinen Kontakt zu Paul Walker haben. Zeugen sahen Sie aber zusammen in einem Biergarten auf der North Side.«

»Hab nur gesagt, dass der junge Mann keine Freunde hat.«

»Sie stritten sich. Worum ging es?«

»Ständig kommt er mir mit diesem Temperenzgeschwätz. Dabei will ich bloß in Ruhe gelassen werden.«

»Er wollte Sie bekehren?«

»Dieser Walker lässt nicht locker! Liegt einem ständig in den Ohren. Nach Dienstschluss will ich mich amüsieren. Ist das so schlimm?«

»Was genau sollten Sie denn tun?«

»Er drängte mir die Adresse von so einem komischen Heiligen in der State Street auf. Die Alkoholkrankheit kann der Pfaffe angeblich heilen.«

»Sie sind doch völlig gesund.«

»Was soll das überhaupt sein? Alkoholkrankheit! Dummes Gerede! Es gibt Krankheiten und meistens hilft einem Alkohol, die zu überwinden.«

»Sie reden von innerer Reinigung?«

»Kann schon sein, dass es so genannt wird! Bin kein Studierter.«

»Wie heißt der Geistliche?«

»Kelly.«

»Geht es etwas genauer?«

Feldmann wischte sich mit dem Handrücken über die Augen. »Fragen Sie bei der St.-James-Kirche nach. Wünsche Ihnen aufrichtig Erfolg. Paul ist ein netter Bursche.«

»Trotz der Belehrungen?«

»Er meint es ja nicht böse. Doch nehmen Sie sich vor diesem Kelly in Acht. Schräger Vogel, von der ganz radikalen Sorte.«

»Nein, keine Zeit!«, sagte Paula lauter als sonst, weil sie merkte, dass ihr Neffe so schnell nicht aufgeben würde. »Ich muss das Geschäft auf Vordermann bringen.«

»Es handelt sich um eine seriöse kirchliche Angelegenheit, Tantchen.«

Paula kniff die Augen zusammen, schoss zum Eingang und riss die Tür auf. Ab einer gewissen Distanz konnte sie Kunden spüren. All die müffelnden Speisen schienen ihr Geruchsorgan eher verbessert, denn geschädigt zu haben. Eine junge Deutsche in unscheinbarem Kleid sah sich im Laden um, alle Wände mit Regalen zugebaut, unterbrochen nur durch Eingang und Tür zum Meyerschen Esszimmer. In der Mitte ein Tisch, auf dem Waren präsentiert wurden, darunter die berühmte Kellerluke zu den Katakomben von Chicago, bestückt mit allem, was sich lange hielt und gewinnbringend abgestoßen werden konnte.

»Führen Sie Backpulver?«, fragte die Frau schüchtern.

»Selbstredend, meine Dame. Wir sind ein ausgewählter Gemischtwaren- und, äh, Grocereienladen.«

»Sie empfehlen welches?«

»Schwer fällt die Wahl nicht. Nehmen Sie Raney's unvergleichliches Backpulver aus Chicago. Seine Qualität wird von keiner noch so teuren Ostküstenfirma übertroffen.«

»Wie hat man sich das zu erklären?«

»Betriebsgeheimnis«, verkündete Paula wie ein Colonel der United States Army, wickelte das Pulver in Packpapier und reichte es der Frau. Zufrieden trug sie ihre wertvolle Fracht aus dem Geschäft.

»Endlich«, sagte Meyer.

»Nun, worum handelt es sich? Geschwind!«

»St.-James-Church. Kannst du mir etwas über den Verein sagen?«

»Kirche, kein Verein wie der dieses Tunichtgutes Schmieder! Zweitens könnte ich dir eine Menge erzählen. Worum geht es?«

»Eventuell kehre ich in den Schoß der Kirche zurück.«

»Ha! Da lache ich mir ins Fäustchen. St. James ist eine katholische Kirche, die sich aus dem Convent of the Sisters of Mercy formierte. Weißt du, wann?«

»Nein, keinen Schimmer.«

»Gerade mal im letzten Jahr, und schimpft sich Kirche! Zu Beginn hielten sie die Messe noch im Waschraum des Konvents ab! Stell dir das mal vor!«

»Weil es dort so gemütlich war?«

»Keinen Platz hatten sie! Mittlerweile wird in der Prairie Avenue gebaut, zwischen 26th und 29th Street. Reverend Kelly richtete einen Brückenkopf ein, um die Arbeiter zu überwachen.«

»Das ist mehr als drei Kilometer von hier …«

»Ohne den Wagen! Fanny muss sich nach eurer sonntäglichen Gewalttour ausruhen. Das Nutztier verkommt mir nicht zur Schindmähre! Oh, Maximilian, warum vertraust du dich nicht dem Pfarrer unserer Konfession an?«

»Kelly unterstützt Menschen in Not.«

»Wie alle Geistlichen.«

»Er hilft Leidenden, dem Alkohol abzuschwören.«

»Vernünftige Idee! Manches machen die Amerikaner gut! Ich bin bass erstaunt, dass ich nichts davon vernahm.«

Herbert vergoss fünf Minuten salzige Tränen, bis es ihm gelang, Fanny vor den Wagen zu spannen. Paula kam mit fliegendem Faltenkleid gerannt: »Hetzt mir das Ross nicht wieder so, und bei eurer Rückkehr möchte ich mein schönes Gefährt besenrein sehen. Hört gut zu, was Herr Pfarrer zu sagen hat. Er besitzt zwar einen unrechten Glauben, aber immer noch besser, als gottlos durchs Leben zu schreiten. Maximilian, lass bloß den komischen Hut hier.«

»Aye, aye, Sir«, erwiderte Meyer.

Herbert trieb Fanny an, um schnell außer Hörweite zu gelangen. »Vielen Dank, Neffe! Hasch mir gerade einen freien Tag verschafft. Normalerweise macht mir Paulale auch gehörig den *Roscht runner*, wenn ich unser Pferdchen zweimal hintereinander ausführe. Heute hat sie uns gewinkt, und irgendwann kommt noch der Tag, an dem sie mir Bibeleskäs mit Kartoffeln serviert.«

»Warum heißt unser Quark Bibeleskäs?«

»Im Südbadischen werden junge Hühnchen, Bibeli, nach der Geburt mit Quark gefüttert. Der menschliche Feinschmecker mischt noch Schnittlauch, Sahne und Kümmel unter.«

»Vergiss bitte nicht, dass wir nicht nur auf badische Leibspeisen verzichten müssen, sondern auch dem Alkohol abschwören sollen.«

»Weisch du, manchmal glaube ich, dass sie uns nur aus Kostengründen Feuerwasser und Tabak abspenstig machen will.«

»Ich auch.«

»Stimmt es, dass sich dieser Geistliche im Schpirenz-Bereich verdient macht?«

»Verkündung und Durchsetzung der Abstinenz, ja, nicht Spirenz.«

»Isch klar.«

Je weiter sie sich vom Businessviertel Richtung Süden bewegten, umso miserabler wurden die Straßen. Der Dreck spritzte am Wagen hoch und gestaltete auf ihrer Kleidung einfallsreiche, braune Placken. Herbert stieg vom Bock und klopfte die größten Kleckse ab. Sein Neffe hielt sich den Rücken. »Max, du musch etwas für deine Gesundheit tun. Sonscht kriegsch du draschtische Probleme.«

»Willst mich zu deinen Turnerfreunden schleppen. Stimmt's?«

»Bald werde ich dich hintragen müssen.«

»Jaja!«

»Viel Erfolg beim Schpirenz-Reverend.«

»Soll das heißen, ich muss alleine rein?«, fragte Meyer.

»An mir beißt sich jeder Reformer die Zähne aus.«

»Kehrst du zurück?«

»Nein, ich lasse dich alleine nach Hause spazieren. Natürlich komme ich wieder! Doch vorher lüpfe ich einen.«

»Wie kommt es nur, dass ich dir nicht glaube?«

»Problem vieler Atheischten. Kelly hilft dir. Du hasch den Hut noch auf. Paula sagt, dass du ihn abnehmen sollsch.«

Meyer atmete tief durch und betrat die Baustelle. Einen bebrillten, Schäfchen beschützenden Geistlichen hatte er erwartet. Stattdessen rannte dieser hagere, ungeschlachte Riese, vor dem sogar abgebrühte Arbeiter Respekt zeigten, an ihm vorbei. »Reverend?« Kelly überragte sogar ihn noch, hatte pfannengroße Hände. Meyer schätzte sich glücklich, nicht in einer Arena mit ihm zu stehen. »Reverend?«

»Wer sind Sie?«

»Max Meyer.«

»Was stimmt nicht?«

»Ich würde gerne mit Ihnen sprechen.«

»Sind Sie bereit, alles zu geben?«

»Alkoholiker bin ich nicht, wenn Sie das meinen.«

»Nur Kaffee und Wasser?«

»Hin und wieder gönne ich mir ein Gläschen Lager.«

»Noch jemand, dem die abscheuliche Wirkung von Teufelswasser auf den Organismus unbekannt ist! Nehmen wir beispielsweise Ziegen. Man fand heraus, dass ein mit Alkohol vergiftetes Tier unrettbar verloren ist. Selbst Gewebe fern des Magens verrottet.«

»Erlauben Sie Alkohol in der Küche?«

»In die Hölle soll fahren, wer bei der Zubereitung von Mahlzeiten säuft!«

»Im Topf?«

»Bitte?«

»Darf man mit Alkohol kochen?«

»Junger Mann, bereits bei 172 Grad Fahrenheit verflüchtigt sich das Zeug. Falls es also unbedingt sein muss!«

»So bin ich beruhigt.«

»Warum tragen Sie ein rotes Halstuch?«

»Die meisten Leute machen Späßchen über den Hut. Ich bin Verfechter von Freiheit und Gleichheit und das Halstuch erinnert daran.«

»Freiheit und Gleichheit haben wir in den USA schon. Sie können Ihren eitlen Tand ablegen.«

»Soweit ich mich erinnere, gelten die Rechte in den USA nur für Weiße. In der alten Welt trifft nicht einmal das überall zu.«

»Soso. Folgen Sie mir ins Büro!« Bei Zuwiderhandlung werden Sie hingerichtet, dachte Meyer. Kelly führte ihn in eine grob vernagelte Bretterbude neben der Baustelle. »Schauen Sie nicht so pikiert. Construction Site, kein Luxushotel.« Kelly schob ihm eine Holzkiste vor die Füße. Er selbst setzte sich an den Schreibtisch aus Pioniertagen, erkennbar an Pfeileinschüssen. Mehrere dieser Ungetüme im Kreis gruppiert und die größte Horde von

Angreifern wäre chancenlos. »Sie glauben also, kein Alkoholproblem zu haben?«

»Deswegen bin ich nicht zu Ihnen gekommen.«

»Good Heavens! Was wollen Sie von mir? Hier kreuzen nur ernste Fälle auf. Im Konvent kann man mich ohnedies besser konsultieren.«

»Paul Walker, Mitglied Ihrer Diözese und zudem ein guter Freund von mir …«

»Lüge!«

»Darf ich fragen, warum Sie das sagen?«

»Erfahrung als Geistlicher.«

»Sie haben mich durchschaut. Ich bin unabhängiger Detektiv.«

»Warum lügen?«

»Viele Leute können private Ermittler nicht leiden.«

»Mir missfällt es, wenn jemand nicht ehrlich ist. Reden Sie weiter, damit ich mir ein Urteil bilden kann.«

»Das Gespräch muss unter uns bleiben.«

»Versteht sich von selbst! Machen Sie endlich den Mund auf! Come on!«

»Mein gegenwärtiger Klient hat mich beauftragt, Pauls Verschwinden aufzuklären.«

»Aha.«

»Wie bitte?«

»Mister Walker beehrte uns lange nicht und ich fragte mich, was aus ihm geworden ist. Früher oder später hätte ich selbst ermittelt.«

»Kommt er regelmäßig zum Gottesdienst?«

»Genau das teilte ich Ihnen gerade mit. Zuhören scheint nicht zu Ihren Stärken zu zählen, Mister Meyer. Normalerweise war Paul immer der Erste. Sprachen Sie mit seinem Landlord?«

»Vor einigen Tagen schon. Er hat das Zimmer weitervermietet.«

»Gottlose Menschen allerorten!«

»Wissen Sie etwas über die Familie?«

»Nur, dass die Leute in New York leben. Paul redet nicht viel und wir drängen niemanden.«

»Wo könnte er sich aufhalten?«

»New Jersey vielleicht. Wir pflegen Kontakte zur Kolonie ›Zügele dein Selbst‹. Die Gemeinschaft verbucht große Erfolge, errichtete ihr Domizil in Saloon-Nähe.«

»Falls jemand Durst bekommt?«

»Um die Kraft der Aspiranten zu testen, Mister Meyer! Was könnte sich besser eignen als ein Sündenpfuhl in Sicht? Paul Walker war sehr angetan von dem Projekt, stellte mir viele Fragen. Manchmal schien es jedoch, als ob er die Antwort bereits kannte. Nun, da er aus New York City stammt, hätte er die Reise mit einem Besuch bei den Eltern verbinden können.«

»Gab es einen konkreten Termin?«

»Auch diese Frage kann ich nicht beantworten, junger Herr! Finden Sie es selbst heraus. Der normale Hergang wäre gewesen, dass ich die Menschen dorten informiere und ihm ein Empfehlungsschreiben mitgebe. Nachdem er ›Ten Nights in a Barroom‹ las, packte ihn großer Eifer, Gottes Werk zu verrichten. Es ist auch kein Wunder bei den fürchterlichen Auswirkungen des Alkohols, die geschildert werden. Was wollen Sie noch wissen? Beeilung!«

»Können Sie wirklich Alkoholismus heilen?«

»Haben Sie Ihre Meinung geändert?«

»Es geht um einen Mann, den ich kenne.«

»Sie glauben nicht, wie oft ich das höre.«

»Wie gehen Sie vor?«

»Der Sünder muss sich eingestehen, dass er abhängig ist, schließt die Augen und ich hypnotisiere ihn. Presbyterianer, Unitarier oder Quäker mögen über andere Methoden verfügen. Doch ist unser Ziel dasselbe. Kann ich Ihnen einen Kaffee anbieten?«

»Sie trinken Kaffee?«

»Warum denn nicht!«

»Ist es nicht Sünde?«

»Plappern Sie keinen Unsinn! Ich nehme Kaffee in rauen Mengen zu mir. Nun? Ja oder nein?«

Meyer schüttelte den Kopf und sagte good-bye. Die Gegend war für Spaziergänge nicht geeignet. Beim Warten hörte er irgendwann hinter sich ein verdächtiges Geräusch. Eine Kutsche donnerte heran. »Luscht auf Lager? Oder bisch du schon kuriert?«

»Onkel Herbert, kommst du aus der falschen Richtung?«

»Der nächste Saloon weiter nördlich sah zwielichtig aus. Hab weit fahren müssen, um in Ruhe zwei Bierlen trinken zu können. Wie isch es gelaufen?«

»Besser als ich hoffte. Der Reverend ist allerdings nicht meine Kragenweite.«

»Isch Herr Pfarrer selbscht auch Mäßigkeitsmensch?«

»Davon gehe ich aus. Er bot mir nur Kaffee an.«

»Wer Temperenz predigt, isch so oder so aus dem Schneider. Je weniger seine Kunden, Entschuldigung, Schäfchen, die Woche über bechern, umso mehr Zaschter bleibt für kirchliche Belange.«

»Welche sein Honorar beinhalten?«

»Jawohl. Vielleicht isch er ehemaliger Alkoholiker. Nach der Entwöhnung trinken die gerne Kaffee. Hat dieser Reverend fahrige Bewegungen gemacht?«

»Jetzt, wo du es sagst. Ja, hat er.«

»*Alla hopp*!«

»Wie hilft mir das bei der Aufklärung?«

»Vielleicht weiß der Mann mehr, als er zugibt. Doch Detektiv bisch du.«

Kapitel vier: Eine Audienz mit Folgen

Unruhig legte Tante Paula ihren Männern Maiskolben und Schweinebauch auf. Seit Stunden wurde sie von einer Frage gequält. »Heilte Herr Reverend euch?«

»So rasch geht das kaum vonschtatten«, erklärte Herbert und strich sich die Hand über den Nacken.

»Weh, oh weh! Er trieb euch das Drangsal noch nicht aus? Mit Stumpf und Stil soll es vernichtet werden!«

»Zähflüssiger Prozess, gar manches will berücksichtigt werden, Tantchen.«

»Vielversprechend hört sich das nicht an.«

»Eile mit Weile, hat Reverend Kelly gesagt. Nicht wahr, Mäxle?«

»Wie ich mich erinnere, prangte dieser Satz sogar auf seiner Tür, eingeritzt mit dem Bowiemesser.«

»Erstaunlich, wie sehr ihr beiden Heiden plötzlich einem Pfarrer vertraut. Trotz aller guten Taten ist Kelly aber Katholik. Griff er dir auch beim Fall unter die Arme, Maximilian?«, fragte Paula und legte den Kopf schief.

Meyer kaute, und wer den Mund voll hatte, sollte gemäß Paulas Katechismus nicht sprechen.

»Hast du mich verstanden?«

Es war zwecklos. Tantchen hatte den Braten gerochen. »Kelly bestätigte nur, dass Walker ein frommer Zeitgenosse ist.«

»Sonst nichts?«

»Nein.«

»Wann besucht ihr Herrn Reverend wieder?«

»So genau wissen wir es noch nicht.«

»Hm …«

Max und Herbert ahnten, dass das Verhör keineswegs beendet war.

»Was erzählte er noch über den jungen Mann?«

»Man munkelt, dass Walker an die Ostküste wollte.«

»Nach Neu York? Vielleicht haben ihn die Ausländerfeinde auf dem Gewissen«, sagte Paula, stets erfreut, ihr Unbehagen am Gastland äußern zu können.

»Haben wir immer noch Probleme mit diesen Nativisten?«

»Die Grobiane werfen regelmäßig Scheiben unserer Turnhalle ein!«, klagte Herbert.

»Ihr besitzt Fenster? Bei meinem letzten Besuch war es ein Pfahlbau. Über der Tür hing ein Zettel ›Vorsicht, Pfütze!‹«

»Schnee von geschtern. Eine wunderschöne Halle steht jetzt da. Alle Mitglieder unseres Vereins haben Hand angelegt. Badener, Pfälzer, Schwaben, Bayern, treu vereint.«

»Gebt ihr noch Fecht- und Schießunterricht?«

»Mens sana in corpore sano, mein Junge. Daran hat sich nichts geändert. Wenn die Südstaatler Sezession machen, sind wir gut in Schuss und stellen die ersten Regimenter.«

»Für den Norden?«

»Na, die Sklaventreiber werden wir jedenfalls nicht unterstützen«, sagte Paula entschieden.

»Seit wann interessierst du dich für Politik?«, fragte Meyer.

»Unser Herrgott erschuf alle Menschen gleich. Sklaverei ist Sünde!«

»Ohne Zweifel. Um auf den Fall zurückzukommen. Unwahrscheinlich, dass Walker an die Ostküste gefahren ist, ohne vorher jemanden zu informieren.«

»Wer hätte das sein können?«, wollte Herbert wissen.

»Zum Beispiel sein Landlord, dem er die Zimmermiete immer im Voraus zahlte. Oder Reverend Kelly, der ihm gerne ein Empfehlungsschreiben mitgegeben hätte. Ich werde den Raum nochmals *screenen*. Vielleicht haben wir etwas übersehen.«

»War der junge Mann verlobt?«

»Tantchen, ade.«

Meyer hörte ein Kratzen und es gelang ihm wieder einzunicken, bis der Lärm übermächtig wurde. Er öffnete das Fenster, drehte den Kopf und sah nach unten. Lustvoll fegte Paula den Gehweg, innig verwachsen mit ihrem Besen. Kehrwoche nach deutscher Art wurde täglich außer sonntags zelebriert. Durch die geöffnete Haustür erläuterte sie ihrem Gatten: »Kunden sollen bereits von außen einen guten Eindruck erhalten. Wir kippen Unrat nicht auf die Straße, wie das allzu viele Menschen machen!«

»Rechte Leute machen *Schpring Cleaning*.«

»Bitteschön?«

»Schpring Cleaning.«

»Herr, gib mir Kraft! Es ist schwer genug, sein Dasein unter Heiden zu fristen! Warum nur müsst ihr euch auch noch an der Muttersprache versündigen? Früh-jahrs-putz!«

Meyer nahm sein Handtuch, ging nach unten und über den Hof zum Badezimmer, einem Holzschuppen hinter dem Stall. Vorhanden waren fließendes Wasser, Waschbecken, Spiegel, Schränkchen für Rasierzeug, wenige Dinge des weiblichen Bedarfs sowie zwei ausrangierte Küchenstühle mit Herzen in der Rückenlehne. Während er sich rasierte, stieg ihm der Geruch eines Heißgetränks in die Nase. Doch nicht echter Kaffee? Als er in die Küche trat, sah er Paula fegen. Eine Anspielung auf Hexen und ihre Fortbewegungsmittel verkniff er sich.

»Kannst du mir im Laden zur Hand gehen?«

»Darf ich erst Kaffee trinken?«

»Wenn es unbedingt sein muss.«

Er trank und spuckte den Kaffee in den Becher zurück.

»Ist er zu heiß?«

»Nein, mit Roggen gekocht!«

»Hohoho, wir sind nicht adligen Geblüts. Bohnenkaffee kann gestreckt werden. Natürlich darf auch reiner Getreidekaffee gekocht werden. Hilfst du mir nun oder nicht?«

»Mir sind Hände und Füße gebunden, habe eine Unmenge zu tun.«

»Immer dasselbe! Dann muss dein Onkel aufs Turnen verzichten.«

»Zuviel Sport soll schädlich sein.«

»Stimmt, häufig haben sie Räusche wie Brezelbuben. Möchte nicht wissen, wie viele Biere die stemmen.«

Meyer bedauerte wieder, dass Richtung Norden noch kein Omnibus fuhr. Paula hielt verlängerte Postkutschen für Geldverschwendung. Doch sie hatte mit ihrem Wagen gut lachen. Das Wetter passte sich dem Ermittlungsstand an, gab mit Nieselregen keinen Anlass zur Freude. Nach der Brücke hatte er ständig auf der Hut zu sein, um nicht in den Dreck zu fallen. Weil Chicago nur knapp über Grundwasserniveau errichtet worden war, musste die Stadt für ihre Kanalisation mehrere Meter angehoben werden. Es war ein bemerkenswertes Projekt und kaum etwas machte den Ehrgeiz der Bürger, sich nicht aufhalten zu lassen und eine großartige Stadt zu erschaffen, deutlicher. Alle Gebäude auf gleiche Höhe zu bringen, würde Jahre dauern, und viele Hausbesitzer weigerten sich, Geld für Unsinn auszugeben. So standen manche Bauwerke zwei, drei Meter höher als andere, Gehwege inbegriffen. Tagsüber, mit nötiger Vorsicht, konnte man sich leidlich fortbewegen. Heute aber siegte der Matsch. Sein nächster Schritt führte Meyer abwärts. Das rechte Bein taumelte eine halbe Sekunde in der Luft und zog ihn dann in den Dreck.

»Verdammter Mist!«

»Trifft es gut«, bemerkte ein Mann und lachte hämisch. »Vielleicht findest du noch Schweine, die Trüffeln mit dir suchen! Good luck, Sportsfreund.« Als er sich vom Boden hochkämpfen wollte, rutschte er wieder aus. Der nächste Passant, in schweren Cowboystiefeln, stellte sich knöcheltief in den Morast und zog ihn hoch. Meyer nickte dankbar. »Glück gehabt, Mister. Sie brauchen anständige Stiefel. Hätten sich den Schädel zertrümmern können.«

»Ich fürchte, heute ist viel mehr nötig, um mich zu erheitern.«

»Take care«, erwiderte der Mann und ging davon. Meyer stapfte durch das irische Viertel. Zwei kleine Jungen rannten ihm übermütig hinterher, hänselten den Dreckfink, bis ihre Mutter sie rief. Ein Bierwagen rollte langsam vorbei und Meyer sah ihm hinterher. Zehn Meter vor ihm hielt der Fahrer und nickte. Auf Hemd und Hose lag eine schwere, braune Schürze. Breitbeinig residierte der Mann auf der Sitzbank. »Schlechter Tag heute?«

»Mies geradezu.«

»Kann ich Ihnen einen Ride anbieten?«

»Wüsste nicht, was mir lieber wäre. Aber Ihr Wagen?«

»Ja, und?«, fragte der Mann und spuckte Kautabak auf die Straße.

»Stört es Sie nicht, wenn ich ihn besudele?«

»Gehört meinem Boss. Im schlimmsten Fall muss ich ihn sauber machen, und das geschieht schwerlich in meiner Freizeit. No worries also.«

»In dem Fall sage ich ja.«

»Sind Sie von hier?«

»Karlsruhe, Großherzogtum Baden.«

»Darauf hätte ich getippt. Ich komme aus Heidelberg.«

»Für wen arbeiten Sie?«

»Mein Boss heißt Antz.«

»Sie leben noch nicht lange hier?«

»Drei Jahre.«

»Rentiert sich die Arbeit?«

»Fragen Sie lieber nicht. Sonst gerate ich in Rage.«

»Antz ist geizig?«

»Schon ein wenig, ja. Neuerdings brüllt er auch Mitarbeiter an.«

»Kennt man den Grund?«

»Der eine sagt so, der andere so.«

»Probleme zu Hause?«

»Vielleicht hat er auch geschäftliche Probleme. Das erzählt man sich zumindest. Außerdem ist ein junger Bursche verschwunden. Geht ihm wohl an die Nieren. Wo soll ich Sie absetzen?«

»Granger Street?«

»Okay, das passt gut. Muss zur Black Hawk Street.«

Die Granger Street lag vor der Goethe Street, doch Meyer wollte nicht, dass man zu viel über seine Ermittlungen wusste. Walkers Vermieter kam aus dem Schmuddelladen gerannt, die Hosenträger justierend. »Schon wieder? Gott, wie Sie ausschauen!«

»Ich freue mich auch, hier zu sein.«

»Doch nicht mit Ihren Dreckklamotten in das Zimmer?«

»Ein Blick in Pauls Koffer würde mir genügen. Wo auch immer!«

»Muss das sein?«

»Wie laufen die Geschäfte?«

»Tag ein, Tag aus rackert man sich ab und dann kommen noch solche Dinge dazu. Ich will mit niemandem auf der Welt Zwist haben.«

»War's das?«

»Moment, ich hole das Ding.« Schlurfend und noch ebenso grantig kehrte er zurück. »Können Sie das auf der Bank hinter dem Haus machen?«

»Klar. Schade nur, dass ich meinen Picknickkorb vergessen habe.«

»Die Hälfte von dem, was Sie sagen, verstehe ich nicht.«

»Als ob mich das wundert! Her mit dem Koffer!«

»Muss in mein Geschäft zurück. Kann ich Sie alleine lassen?«

»Es wäre mir sogar lieber.« Meyer legte Walkers Kleidung zur Seite und griff sich die Bibel. Eine Fahrkarte flatterte auf den Boden, ausgestellt bis New York City und vier Tage zuvor abgelaufen. Sparsame Männer wie Walker ließen keine Tickets verfallen. Wie hatte er es bei der ersten Durchsuchung übersehen können? Er legte Buch und Kleider in den Koffer zurück. Vom Haus gegenüber winkte eine hübsche, junge Frau und bedeutete ihm hochzukommen. Sollte sie Mrs Glück sein? Über ein geräumiges Treppenhaus gelangte er zu ihrer Wohnung. Sie stand im Türrahmen und lächelte ihn an. »Sind Sie mit Paul Walker befreundet?«

»Jawohl, kann man sagen.«

»Auch in den Matsch gefallen?«

»Ich fürchte ja.«

»Treten Sie ein. Wie heißen Sie, wenn ich fragen darf?«

»Max Meyer.«

»Angenehm, Martha Glück.«

Er folgte ihr in das Wohnzimmer. Sofa, Sessel, Tisch und Kommode waren ausgesucht schön. »Trinken Sie etwas Kaffee mit mir?«

»Machen Sie sich bitte keine Umstände, gnädige Frau.«

»Solche Formalitäten können Sie sich bei einer Mannheimerin und überzeugten Demokratin sparen.«

»Aus Mannheim? Wie Friedrich Hecker.«

»Unser guter Hecker. Mein Mann hat das Bild aufgehängt.« Sie zeigte auf ein Porträt des ehemaligen Anwaltes und Abgeordneten im badischen Parlament. »Seit zehn Jahren betreibt er in Illinois seine Präriefarm. Hoffentlich kehrt er noch einmal in die Heimat zurück und erkämpft die Demokratie. Doch das ist nicht der Grund, aus dem ich Ihnen gewinkt habe …«

»Paul Walker?«, fragte Meyer.

»Der liebe Junge ist oft für mich einholen gegangen. Wissen Sie, wo er sich aufhält?«

»Leider habe ich keinen Schimmer.«

»Diesem schmierigen Krämer traue ich nicht über den Weg.«

»Verständlich. Was können Sie mir noch über Paul sagen?«

»Neuerdings war er zerstreut, vergaß Dinge, die auf meiner Einkaufsliste standen. Es war ihm immer sehr peinlich und ich konnte ihn nicht davon abhalten, unverzüglich wieder loszugehen.«

»Haben Sie eine Vermutung, warum er so zerstreut war?«

»Wenn ich darauf zu sprechen kam, wechselte er das Thema. Doch Frauen merken, wenn in dieser Beziehung etwas nicht stimmt. Paul schaute stets sehnsüchtig auf das Bild meiner Eltern.«

»Aber warum? Er hat doch Verwandte.«

»Mit der Familie kann es mitunter schlecht bestellt sein, Mister Meyer.«

»Wem sagen Sie das!«

»Bitte?«

»Nichts. Fahren Sie bitte fort.«

»Er trainierte regelmäßig mit Turnern. Wussten Sie das?«

»Nein. Mit Deutschen?«

»Haben Sie schon mal von einem amerikanischen Turnverein gehört?«

Meyer lachte. »American Turner Company? Schwerlich.«

»Sehen Sie. Er ging zum Turnverein Nord in der Nachbarschaft. Der Leiter ist ein gewisser Heinz Becker. Soll ich Ihnen zeigen, wie Sie hinkommen?«

»Danke, ich bin daran vorbeigegangen. Frau Glück, da wäre noch etwas. Ich möchte Sie nicht vor den Kopf stoßen ...«

»Sie fragen sich, wo mein Mann steckt? Hugo starb vor sechs Monaten bei einem Unfall. Er arbeitete in der Brauerei Antz.«

»Kannten Ihr Gatte und Paul sich?«

»Wie man sich so kennt bei der Arbeit. Grüße beim Kommen und Gehen. Nach dem Tod meines Gatten traf ich Paul dann zufällig im Viertel.«

»Darf ich fragen, wie sich das Unglück ereignete?«

»Mein Mann wurde von Bierfässern erschlagen.«

»Wie schrecklich!«

»In der Tat. Aber Mister Antz verhielt sich großartig. Er war bei der Beerdigung, besuchte mich später noch öfter und gewährt mir eine Rente. Er ist sehr bescheiden und hängt das nicht an die große Glocke.«

»Arbeitete Ihr Mann lange bei Antz?«

»Knapp zwölf Monate.«

»Dennoch bekommen Sie eine Leibrente?«

»Ich finde es auch sehr nobel.«

»Ihr Verhältnis zu Paul ist gut?«

Frau Glück lachte freundlich. »Ob wir etwas miteinander haben, wollen Sie wissen! Die Antwort lautet nein. Wir sind gute Freunde.«

Warum ging Paul Walker für Mrs Glück einkaufen? Natürlich, die Stadt war nicht überall sicher. Doch sehr ängstlich wirkte die Dame nicht. Zufall, dass sie ihn ansprach? Oder sollte Antz ein Verhältnis mit Mrs Glück haben? Es wäre moralisch verwerflich, machte ihn aber nicht zum Mörder. Nach allem, was er ermittelt hatte, war der Unternehmer glücklich verheiratet. Vielleicht täuschte er sich, doch sah es ganz so aus, als ob ihm jemand folgte. Er drehte sich mehrfach um, konnte aber niemanden ausmachen. Zu Hause in der Küche holte er Wasser, wusch sich und nahm mit der Illinois Staatszeitung auf dem Sofa Platz.

»Demokratie, Republik, Pressefreiheit«, schrie jemand. »Aufruhr schadet dem Geschäft! Wir wollen unseren Großherzog behalten«, skandierte der aufgestachelte Mob. »Es lebe die Guillotine!« Tok-Tok!

Meyer wachte schweißgebadet auf und presste die Hand auf die Stirn.

Onkel Herbert tätschelte ihn. »Na, Neffe, hasch wohl schlecht geträumt?«

»Auf dem Karlsruher Marktplatz kniete ich und ein Hackbeil drohte meinem Kopf.«

»Unsere braven Karlsruher Bürger in Robespierres Fußstapfen? Nicht sehr wahrscheinlich, gell! Neffe, da isch dir etwas durcheinandergepurzelt. Gut, dass ich dich geweckt habe.«

»Wie man's nimmt. Ich arbeitete am Fall.«

»Der Detektiv, der schnarchend noch Chicagos Mysterien löst. Wir sollten dich in die Zeitung bringen. Deine Tante möchte übrigens das Dinner servieren.«

»Oh Gott! Was tut sie uns heute an?«

»Rindermagen. In der Nachbarschaft musste ein Tier notgeschlachtet werden.«

»Der Magen ist doch ungefüllt?«

»Ja, ich glaube schon.«

»Wenigstens das bleibt uns erspart. Manchmal wünsche ich, fleischlos zu leben.«

»Darf ich an ihre Kohl-Köschtlichkeiten erinnern? Komm! Unangenehmes soll man so schnell wie möglich hinter sich bringen.«

»Mir wird übel.«

»Sag das nicht zu laut. Du weisch, wie sensibel sie isch.«

Zu Schmieder zu gehen, war problematisch, denn seine Schrift hatte er immer noch nicht gelesen. Er klopfte einmal, zweimal, und der lärmempfindliche Nachbar kam gerannt, in Unterhemd und Hosenträgern. »In unserem Land gibt es Leute, die arbeiten und ihre Ruhe brauchen! Zum Teufel noch mal!«

»Können Sie mir sagen, wo Schmieder ist?«

»Sehe ich wie seine Nanny aus? Er wird irgendwo dieses Käseblatt verhökern!«

»Danke vielmals für solch präzise Auskunft, Sir.« Der Hinweis war nicht schlecht. Meyer ging die Washington Richtung Osten entlang. Sein Freund postierte sich gerne an der Clark Street, weil dort die Gegensätze im Unternehmerstaat baulich erkennbar waren. Gegenüber vom Bryant Stratton's National Mercantile College sah er ihn Mitmenschen predigen. Bauarbeiter starrten den bärtigen Mann fasziniert an. Einer drehte auf Kinnhöhe den Zeigefinger. Dann lachten alle gehässig. Schmieder winkte tapfer. »Maximilian mit seinem großen Hut.«

»Wie er leibt und lebt. Läuft der Verkauf?«

»Es könnte schlechter sein«, antwortete Schmieder und kraulte sich gedankenversunken den Bart.

»Hast du Zeit? Ich muss dich etwas fragen.«

»Lass uns auf die andere Straßenseite wandeln. Spione lauern immer und überall, und achte bitte auf den Verkehr, Maximilian!«

»Mache ich doch immer. Traffic hat meinen höchsten Respekt.«

»Das sagst du so leichtfertig. Ich für meinen Teil will nicht überfahren werden.«

Quer über die Kreuzung zu gehen, war am gefährlichsten. Schmieder zog ihn über die Clark Street, und von da über die Washington Street. Vor einem zierlichen Court-House-Baum blieb er stehen. »Geht es wieder um den infamen Ausbeuter?«

»Jawohl.«

»Max, habe bitte die Güte, heute noch zu beginnen. Ich bin schwer beschäftigt.«

»Mister Antz ist nervös.«

»Treibst du Schabernack? Fabrikanten denken immer nur ans Geld. Zwangsläufig werden sie dabei rastlos.«

»Es verhält sich aber noch nicht lange so. Vielleicht ist der Schwiegersohn daran schuld. In der Zeitung stand, dass Antz seine Geschäfte nach New York ausdehnen möchte, dort aber Probleme aufgetreten sind.«

»Abermals spionierst du demjenigen hinterher, der dich bezahlt.«

»Um einen Fall aufzuklären, muss ich den gesamten Background ermitteln.«

Schmieder schüttelte den Kopf. »Nun, was soll ich tun?«

»Du kennst doch einen Redakteur bei der New York Staatszeitung. Vielleicht weiß er etwas.«

»An die Ostküste komme ich nicht häufig. Macht es dir etwas aus, ein paar Jahre zu warten?«

»Sehr komisch. Ich dachte an eine gedrahtete Nachricht.«

»Oh.« Ein Telegramm kostete mehr Geld, als Schmieder sich leisten konnte. Doch das würde er niemals zugeben. »Gut. Eine Bedingung gibt es allerdings.«

»Ich höre.«

»Du musst endlich wieder an einem unserer Treffen teilnehmen.«

»Meetings des Bund der Revolutionäre?«

»Wirst du erscheinen?«

»Kann ich meinen Hut mitbringen?«

»Von mir aus kannst du ihn während des Treffens tragen.«

Meyer ging nach Hause, um den Stapel Zeitungen, den er Schmieder als Gegenwert für das Telegramm abgekauft hatte, in seinem Zimmer zu deponieren.

Mister Wright, der freundliche Bestattungsunternehmer, zog den Zylinder.

»Unser junger Mister Meyer, wieder bei der Arbeit, wie ich sehe?«

»Halb und halb.«

»Er sollte es nicht übertreiben.«

»Warum? Vielleicht bekomme ich einen Herzschlag und falle tot um. Gut für Ihr Geschäft.«

»Mein Gott! So etwas darf er nicht sagen! Arbeitete er in meinem Metier, wäre ihm nichts Menschliches fremd.«

»Anyway, ich wünsche Ihnen noch einen erfolgreichen Tag, Mister Wright.«

»Danke, und das Gleiche für ihn.«

Weil Tante Paula die Haustür von innen abgeriegelt hatte, musste er das Haus über den Laden betreten. Beim Anblick der Zeitungen schlug sie die Hände über dem Kopf zusammen. »Noch mehr Schriftgut mit reaktionären Gedanken!«

»Schmieder ist Revolutionär, kein Reaktionär.«

»Unser Herrgott mag Unruhestifter nicht! Ganz gleich, wie sie sich nennen. Hast du dir die Füße ordentlich abgestreift?«

»Lag in Karlsruhe kein Pferdedreck auf den Straßen?«

»Selten, denn der gute Großherzog sorgte für uns. Wir wandelten auf wunderbarem Kopfsteinpflaster und alle Menschen nahmen Rücksicht aufeinander.«

»Das reinste Paradies.«

Meyer bat Herbert nach oben. »Ich habe ein Problem.«

»Warte, bis du verheiratet bisch. Dann fängt der Ärger an.«

»Es geht nicht um mich. Deine Freunde im Turnverein sind alle Deutsche, nicht wahr?«

Sein Onkel grinste breit. »Hasch du dich besonnen? Endlich!«

»Könntest du bitte die Frage beantworten?«

Herbert runzelte die Stirn. »Turner sind meistens Deutsche, aber ich kenne auch Vereine, in denen sich Yankees tummeln. Unser Klub vereint Kommunisten, Atheisten, Pantheisten, Reformer und Weltbürger. Rasse, Klasse oder Nationalität sind kein Hinderungsgrund. Schon unser Gründer, Turnvater Friedrich Ludwig Jahn hatte im Sinn ...«

»Gnade bitte, ich kenne die Geschichte gut! Du musst mir nicht wieder alles erzählen.«

»Die Turner kämpften mit dir und Franz Sigel. Warum also hasch du so ein negatives Bild von uns?«

»So kann man das nicht sagen.«

»Gründete nicht Friedrich Hecker in Cincinnati den erschten amerikanischen Turnclub?«

»Ja. Was aber mich wie auch Hecker stört, ist übertriebene Vereinsmeierei.«

»Soll heißen, mein ungelenker Neffe?«

»Wer sich auf Kameradschaft und körperlichen Drill beschränkt und dabei die geistigen Werte vergisst, verkommt zum Zinnsoldaten. Nach den wöchentlichen Kniebeugen hüpft er in seine Schachtel zurück.«

»So isch das also!«

»Kennst du Heinz Becker, den Präsidenten von Walkers Verein?«

»Nicht persönlich. Warum?«

»Es macht sich besser, wenn man bei einer Befragung Referenzen vorweisen kann.«

»Soll das heißen, das ich etwas Besonderes bin, nur weil ich *fönny* herumturne?«

»So habe ich es nicht gemeint.«

»Bestelle diesem Herrn Becker einen kollegialen Gruß, von Präsident zu Präsident. Das wird helfen.«

»Danke, Onkel Herbert.«

»Bitte, Neffe Max! Isch's das gewesen? Muss zurück in meine Zinnschachtel!«

Meyer hatte seinen Onkel nicht verletzen wollen. Aber deshalb schwindeln? Er betrachtete das Vereinsgebäude von Walker und seinen Turnerkameraden in der Schillerstraße. Über eingeworfene Fensterscheiben hatte jemand die Illinois Staatszeitung geklebt. Ein kleiner, drahtiger Mann tauchte wie aus dem Nichts auf. Obwohl bestimmt Anfang Fünfzig, sah er jünger aus. »Sie wünschen, junger Mann?«, fragte er in pädagogischem Ton, die Arme hinter dem Rücken gekreuzt.

»Guten Tag, Sir! Max Meyer der Name. Ich bin Detektiv und möchte Ihnen einige Fragen zu Paul Walker stellen.«

»Von der hiesigen Polizei?«

»Privater Ermittler. Mit den Blaufräcken habe ich nichts zu tun. Übrigens soll ich Ihnen schöne Grüße von meinem Onkel Herbert, Präsident des Turnvereins Chicago-Süd, bestellen.«

»Warum grüßt der Mann mich?«

»Nur so, von Vorstand zu Vorstand.«

»Weshalb sind Sie hier?«

»Um Ihnen Fragen zu stellen. Paul Walker ist verschwunden.«

»Das ist keine Frage.«

»Turnen in Ihrem Verein viele Yankees?«

»Was soll das nun wieder bedeuten? Walker ist doch Ire, aus Dublin, Irland.«

»Komisch, ich dachte von New York City.«

»Da wohnte er ursprünglich, aber seine Familie stammt aus Irland, wenn ich es Ihnen doch sage!«

»Ich möchte Sie nicht verärgern, aber könnte das nicht ein anderes Mitglied fälschlicherweise erzählt haben?«

Der Präsident schwieg. Heute schien der Tag empfindlicher Turner zu sein. »Wie behandelten die anderen Männer Paul?«

»Mister Walker ist überzeugter Temperenzler und gläubiger Christ, was man von den meisten Mitgliedern nicht sagen kann. Wenn Sie verstehen, was ich meine.«

»Stört es Sie, wenn Ihre Turner an Gott glauben?«

»Der junge Herr scheint wenig über unsere Bewegung und die damit einhergehende Toleranz zu wissen. Lassen Sie mich kurz erklären, was unser Gründervater im Sinn hatte. Im Jahr 1811, als der größte Teil des westlichen Europas unter Napoleons Tyrannei litt, eröffnete Friedrich Ludwig Jahn auf der Berliner Hasenheide den ersten Turnplatz. In jenen düsteren Stunden gehörte Turnvater Jahn zu den furchtlosen Recken, welche die Hoffnung auf unser freies und einiges Deutschland noch immer hegten. Sehr wohl wusste er, dass dieses Ziel nur mit kräftigen und gesunden Männern zu erreichen war.«

»Mens sana in corpore sano?«

»Lassen Sie mich keinen Vortrag halten, wenn Sie Bescheid wissen! Hm, Sie sind lang gewachsen. Probleme mit dem Rücken?«

»Nicht im Übermaß. Ist Ihnen bekannt, warum Walker nach Chicago kam?«

»Da bin ich überfragt.«

»Man kann also davon ausgehen, dass der junge Mann keine ausgeprägten Feinde bei Ihnen hatte?«

»Nur Gedankenleser wissen, was im Gehirn anderer vor sich geht, Mister Meyer. Der Vorsteher eines Turnvereins nicht.«

»War er beliebt bei den Damen?«

»Schwerlich, hier turnen nur Herren!«

»Kommt hin und wieder eine Ehefrau vorbei, um ihren Gatten abzuholen?«

»Soll schon geschehen sein.«

»Holt Ihre Frau Sie gelegentlich ab?«

»Ja!«

»Was hält sie von Paul Walker?«

»Er ist der Schwarm aller Frauen, wenn Sie's genau wissen müssen! Den Weibern fallen fast die Augen raus, wenn sie ihn sehen! So was kann ich in meinem Turnverein nicht gebrauchen.«

»Natürlich, verstehe ich. Regen Sie sich nicht auf. Hatte er eine Freundin?«

»Zum Teufel! Woher soll ich das wissen!«

Kapitel fünf: Harmonisches Zusammenleben

Die ständigen Belehrungen über seinen Rücken gingen Meyer auf die Nerven. Schon als Fünfjähriger konnte er es nicht leiden, wenn man ihn von oben herab behandelte. Zeit, etwas für die gute Laune zu tun. Nachmittags herrschte Hochbetrieb im Post Office. Arbeiter, Angestellte und Selbständige standen Schlange. Damen ließen sich mit Ausnahme der Dienstboten fast nur in Gesellschaft von Herren sehen. Was nicht bedeutete, dass man sie auf offener Straße belästigt hätte. Betrat ein weibliches Wesen den Raum, erhoben sich selbst kauzige Pioniere. Doch war der städtische Ton noch rau. Ein betuchter Herr beschwerte sich über miserablen Service der Post, und als Meyer an die Reihe kam, rückte der Postmann, noch verärgert, seine Mütze wieder in die gültige Position. »So ein Grobian«, sagte Meyer in anteilnehmendem Ton.

»Damned, diese feinen Pinkel meinen, sie können uns nach Belieben herumscheuchen! Schon der Zweite heute!«

»Halten Sie durch. Bei einem Glas Lager sieht die Welt besser aus.«

»Milch wäre mir lieber«, antwortete der Mann, nahm die Kappe ab und fuhr sich durchs Haar. »Was kann ich für Sie tun, Sir?«

»Päckchen aus St. Louis für mich?«

Mit dem halbmeterlangen Bowiemesser ließ sich der graue Karton wie reife Melonen aufschlitzen. Zwei Bücher hatte er bekommen. Gedichte von Poe und seine Erzählungen. Vom »Geheimnis um Marie Roget« hatte er bereits in der »Chicago Tribune« gelesen. Auch die Titel der anderen Erzählungen hörten sich vielversprechend an: »Das verräterische Herz«, »Mesmerische Offenbarung« und vor allem »Der stibitzte Brief«. Beschwingt spazierte er nach Hause, kaufte noch die Staatszeitung und ein Pfund Kaffee. Die Zeitung in der rechten Hand, Päckchen und Kaffee gegen die Brust gepresst, betrat er das gut befestigte Fort Meyer. Paula schöpfte aus einem großen Fass Mehl für Ein-Pfund-Päckchen. Mit offenem Mund starrte sie auf die vielen, vielen bedruckten Blätter!

»Ich gehe in die Küche und hole Wasser für meinen Kaffee. Dann brüte ich über meiner Arbeit!«

Seine Tante schaffte es zu nicken. Erst als er bereits auf der Treppe war, rief sie: »Deine Zeitung muss in das Altpapiereimerchen! Niemals vergessen, bei uns wird Müll getrennt! Wir sind keine Yankees.«

Meyer hatte gehofft, der Tag würde niemals kommen. Doch heute tauchte er wie ein Buschräuber auf und brachte das Treffen bei Schmieder. Demokratie nach Deutschland zu exportieren, hielt er ebenfalls für eine glänzende Idee. Doch gab es gegenwärtig kein Potenzial dafür. Schon anno 48/49 fanden sich zu wenige Männer, um für die Freiheit zu kämpfen. Verbliebene deutsche Demokraten lebten eremitisch und gaben sich aus Angst vor Repressalien nicht zu erkennen. All das hatte er Schmieder schon häufig erklärt. Doch wollte er nicht hören. Wenigstens würde Kiesinger kommen. Meyer band sich sein rotes Halstuch um, setzte den großen Hut auf und verabschiedete sich von Ritter Egon. Mister Wright hatte seinen Store bereits geschlossen und brütete über neuen Geschäftsstrategien. Im Boarding House an der Ecke guckte ein müder Gast aus dem Fenster, wollte nach des Tages Mühen noch etwas Fun haben. Meyer winkte ihm zu und der Mann grüßte zurück. Verflixt, wieder folgte ihm jemand! Auf der Washington Street bog er rechts ab und versteckte sich hinter einer Hausecke. Fröhliches Pfeifen? Wer andere beschattete, hatte sich ruhig zu verhalten! Wollte der Kerl ihn verwirren? Oder war es nur ein Tölpel? »Onkel Herbert! Bist du mir gefolgt?«

»Du hasch's erfasst. Wir haben dasselbe Ziel, Miet-Hing des Bundes.«

»Zum Meeting. Seit wann denn das?«

»Heute zum erschten Mal. Aber nur, wenn du nichts dagegen hasch, Neffe.«

»Ich dachte, du teilst meine Meinung über den Klub?«

»Jein.«

»An Tagen trauten, ehelichen Zusammenlebens halten wir mehr von der Sache? Onkel, du bist ein Schlawiner.«

»Manchmal wird mir Paulales Ordnungswahn zu viel.«

»Dann nutzt du alle Chancen, das Haus zu verlassen.«

»Welch klugen Neffen habe ich! Aber kein Wort davon zu Schmieder.«

»Cross my heart and hope to die. Hast du mich neulich schon verfolgt?«

»Was isch los?«

»Nicht so wichtig. Lass uns weitergehen. Unser Vorsitzender hasst Unpünktlichkeit. Will nicht mit der Eselsmütze in der Ecke stehen. Kennst du seinen Traktat?«

»Sag's noch mal.«

»Schmieders Schrift über der Menschen harmonisches Zusammenleben.«

»Nein, er hat mir seinen Konvolut erscht letzschte Woche gegeben.«

Der Glöckner in der baptistischen Kirche verhielt sich ruhig, würde den nächsten, großen Auftritt mit sieben kräftigen Schlägen haben. Auch der grantelnde Hausmitbewohner blieb in seinem Bau. Als sie die Treppe hochgingen, war Schmieders sonore Stimme zu hören: »Ohne Prinzipien des harmonischen Zusammenlebens macht nichts im Leben Sinn!« Ihr Freund riss die Tür auf und presste sie und seinen wuchernden Vollbart an die breite Brust.

»Schön, dass ihr gekommen seid. Weil unsere Feinde niemals ruhen, begannen wir bereits.« Im Raum roch es nach Büchern, Druckerschwärze und angebrannten Zwiebeln. Die anderen Teilnehmer erhoben sich. Heinz Kiesinger war Anfang vierzig, hatte kurze, schief geschnittene Haare. Sein mächtiger Kopf thronte auf stämmigem Hals. Kiesinger stammte aus Durlach bei Karlsruhe und flüchtete nach missglückter Revolution ebenfalls. Bei der Chicago Historical Society arbeitete er als Bibliothekar. Wie alle Durlacher war er ein No Nonsense Man, »geradeheraus geschwätzt« seine liebste Redewendung. Julius White hieß der junge Mann mit gebürstetem Anzug. In Deutschland geboren, wanderte er als Kind mit seinen Eltern in die USA aus und arbeitete als Angestellter. Um erwachsener zu wirken, kaute er Tabak, zum Missfallen des Gastgebers, der ihn mit Blicken immer wieder ermahnte, den Spucknapf nicht zu verfehlen. Aus seiner großen, alten Kanne schenkte Schmieder Kaffee ein. »Zucker und Milch sind mir leider ausgegangen. Heinz, würdest du freundlicherweise die Niederschrift unserer letzten Sitzung verlesen?« Kiesinger setzte seine Nickelbrille auf und nahm beispielhaft aufrechte Haltung an. Mechanisch las er vom Blatt ab. Nach 60 Sekunden bereits am Ende, drehte er zweimal den Bogen Papier um.

»Vielen Dank, Heinz. Möchte einer der Anwesenden etwas hinzuzufügen? Nein? Dann kommen wir zu den Plänen für unsere Siedlung. Wir werden die perfekte Menschengemeinschaft gründen.«

»Heimatland! Wo denn?«, fragte Herbert.

»In Carmi, Southern Illinois«, erwiderte Schmieder schwärmerisch. »Land in Hülle und Fülle, fruchtbarer Boden und erbauliches Klima.«

Meyer fiel die Kolonie in New Jersey ein, die Paul Walker hatte besuchen wollen. »Geht es um Abstinenz?«

Schmieder sah ihn streng an. »In Maßen, ja. Alkohol wird aber nicht verboten sein. Ein kleines Gläschen Brandy zu festlichen Anlässen ist durchaus gestattet. Viel mehr geht es um inniges Zusammenleben. Ich werde die Gegend inspizieren und bei unserem nächsten Treffen kann ich mehr berichten. Was mir diesbezüglich den Kopf malträtiert, ist unser Blatt. Zwei komplette Ausgaben sind fertiggestellt und wollen verbreitet werden. Oh, erklärten sich doch nur gute Menschen zu Auserkorenen.« Kiesinger streckte mit selbstzufriedenem Gesichtsausdruck die Hand in die Luft. »Danke vielmals, Heinz. Vielleicht noch ein Freiwilliger im geschätzten Bunde? Onkel Herbert? Deine Hilfe käme uns sehr zupass.«

Herbert Meyer betrachtete den leeren Kaffeebecher wie ein meditierender Mönch. »Hm, bin nicht sicher, ob ich Zeit dafür finde. Verpflichtungen im Laden, Turnerei, Fanny, das Pferd, meine Gattin ...«

»Wenn wirklich Not am Mann ist, kann Max dir unter die Arme greifen. Lasst es uns versuchen.«

»Was wird Paulale sagen, wenn ich das aufrührerische Volksblatt verteile!«

»Die übliche Reaktion, nehme ich an. Zeter und Mordio schreien, und wir sollen die Zeitungen verkaufen, nicht verschenken.«

»Für solche Feinheiten isch deine Tante nicht zu haben.«

»Dann hättest du ablehnen sollen. Es wäre mir sowieso lieber gewesen.«

»Guckt Schmieder wie ein Schäferhundwelpe, bleibt keine Wahl! Was hat er denn für dich herausgefunden? Ihr habt euch sehr geheimniskrämerisch aufgeführt.«

»Typisch Schmieder, alles muss theatralisch ablaufen. Antz lässt in New York City eine weitere Brauerei bauen, ohne den Schwiegersohn.«

»Zu Ende des Tages liebt der Deutsche kühles Lager. Solcher Hochgenuss bleibt ungeschlagen. Nur noch die Meerschaumpfeife ...«

»Ich erzähle weiter, wenn's recht ist.«

»Alla hopp. Geh hin, mach zu.«

»Antz' Schwiegersohn kann sich bestimmt nicht mit der Idee anfreunden, Konkurrenz zu bekommen, noch dazu in unmittelbarer Nachbarschaft.«

»Kann er auf legalem Weg etwas dagegen unternehmen?«

»Eventuell, und die Geschichte könnte der Grund für Antz' Unausgeglichenheit sein.«

»Wie bringt dich dieses Ergebnis im Fall weiter?«

»Lieber Onkel Herbert. Detektivarbeit ist wie das Zusammensetzen vom Puzzle. Es gibt viele Teile. Heute habe ich ein weiteres erhalten.« Er ging auf sein Zimmer und machte sich an die Lektüre von Poes »Stibitztem Brief«:

»… denn das Ganze ist so überaus komisch.«

»Einfach und komisch, soso«, sagte Dupin.

»Nun ja, genau genommen beides auch wieder nicht. In der Tat sind wir alle ein bisschen durcheinander, eben weil die Affäre so einfach ist und uns doch weidlich zum Narren hält.«

Am nächsten Morgen studierte er noch im Bett seine Notizen. Hatte er etwas Simples vergessen, so wie Poe schrieb? Es konnte jedenfalls nicht schaden, Mrs Glück noch einmal zu besuchen und nachzuhaken. Seine Ermittlung hatte ergeben, dass ihr Ehemann in der Tat ums Leben kam. Zwei Stunden später überquerte er den Fluss, und das erste Wesen, welches ihm begegnete, war ein um sein Leben rennendes Schwein. Drei bierbäuchige Männer folgten ihm, wedelten die Arme wie Pumpenschwengel. Als Kind hatte er einen Hahn gesehen, ohne Kopf durch die Gegend irrend. Dieses arme Schwein besaß den Schädel noch und quiekte erbärmlich. Freiwillig würde es sich nicht auf die Schlachtbank legen. Drei Männer hatten die Jagd von weitem beobachtet und schlossen sich an. Gegen sechs Häscher hatte das arme Tier keine Chance. Mit einem Knüppel wurde es niedergestreckt, fiel in den Dreck und bekam die Hufe gefesselt. Gemeinsam schleiften sie es davon.

Mrs Glück war zu Hause. »Mister Meyer. Was führt Sie zu mir?«

»Würde Ihnen gerne noch einige Fragen zu Paul Walker stellen.«

»Okay.«

»Wohnte er von Anfang an im Krämerhaus?«

»Soviel ich weiß, ja.«

»War die Arbeit in der Brauerei seine erste hier?«

»Auch das trifft zu. Wenngleich ...«

»Ja?«

»Die ersten Tage benötigte er noch Unterstützung. Kein Mann mag das.«

»Liehen Sie ihm Geld?«

»Von mir hätte er nichts genommen. Zumal ich ihn noch nicht kannte.«

»Wer also half?«

»German Aid Society.«

»Die unterstützen doch nur Deutsche, und Paul Walker ist Amerikaner.«

»Vielleicht täusche ich mich ...«

»Erzählen Sie es mir bitte trotzdem.«

»Kleine Gesten. Wenn er sich alleine wähnte, betrachtete er zum Beispiel das Bild Friedrich Heckers. Die meisten Amerikaner wissen aber nicht einmal, wer Hecker ist.«

»Sprachen Sie ihn darauf an?«

»Nein, das hätte ihm vielleicht nicht behagt.«

»Natürlich.«

»Sie sind sehr einfühlsam, Herr Meyer.«

»Finden Sie?«

Mrs Glück lächelte vielsagend.

Er ließ es sich nicht nehmen, Eier, Butter, Brot und Milch für Mrs Glück zu besorgen und zu bezahlen, denn er hatte nicht den Eindruck, dass sie im Luxus lebte, trotz der angeblich großzügigen Betriebsrente. Aus Bescheidenheit zunächst ablehnend, war sie doch froh über seine Hilfe und lachte, als er ihr empfahl, Kaiserschmarrn zu machen. Als er nach Hause kam, rannte Tante Paula ihm entgegen. »Wo steckst du denn?«

»Im Moment stehe ich vor dem Store und unterhalte mich.«

»Hier ist der Teufel los. Alle wollen Bindfaden kaufen und ich weiß nicht, was sie sich davon versprechen! Du hast Besuch, der noble Herr von neulich. Notdürftig habe ich ihn in deiner Rumpelkammer untergebracht, natürlich vor dem Vorhang. Sonst wäre er in Ohnmacht gefallen. Beeile dich! Gäste lässt man nicht warten! Du hättest sehen sollen, wie er sich die Schuhe abgestreift hat. Makellos!«

»Antz ist kein Gast, sondern Klient.«

»Immer musst du das letzte Wort haben!«

»Exactly!«

Paula kehrte in den Laden zurück. Langsam schritt er die Treppe hoch und klopfte an seiner eigenen Tür, was ihm albern vorkam.

Antz sah aus dem Fenster. »Was halten Sie von unserem Court House, Mister Meyer?«

»Teile ich Ihnen meine Ansicht zu diesem missratenen Bauwerk mit, sitzen wir morgen früh noch hier. Apropos, nehmen Sie doch bitte Platz.«

Erst nach einem prüfenden Blick setzte Antz sich auf das Sofa. »Haha, dem Bürgermeister verrate ich Ihre Ansicht lieber nicht, Mister Meyer.« Der Unternehmer senkte die Stimme. »Ich bin gekommen, um mich nach dem Stand der Ermittlungen zu erkundigen. Sie wissen doch etwas Neues?«

»Leider nein.«

»Es liegt mir fern, mich zu beschweren, aber die Ermittlungen dauern schon geraume Zeit …«

»Falls es Ihnen zu kostspielig wird, kann ich jederzeit aufhören.«

»Auf gar keinen Fall! Geld ist nicht wichtig. Kann ich Ihnen denn helfen?«

»Stimmt es, dass Sie in New York eine neue Brauerei errichten lassen?«

Antz blinzelte. »Was hat es mit dem Verschwinden Paul Walkers zu tun? Verwenden Sie Ihr Honorar auf Gerüchte?«

»Bei jedem Fall stößt man auf Informationen, die nur mittelbar dazu gehören.«

»Allright. Die Brauerei in New York soll noch in diesem Jahr in Betrieb gehen.«

»Was sagt Ihr Schwiegersohn dazu?«

»Er freut sich, ebenso wie meine Tochter, die ich nun öfter sehen werde.«

»Fürchtet Mister Lehmann nicht die Konkurrenz?«

»Wollen Sie mich auf den Arm nehmen? In New York ist ausreichend Platz für neue Unternehmungen. Haben Sie denn gar nichts herausgefunden?«

»Paul Walker ist ein Einzelgänger, hat keine Freunde. In der Freizeit geht er in die Kirche oder zum Turnen. Sein Landlord hat sein Zimmer bereits neu vermietet. In Walkers Habseligkeiten fand sich nichts von Bedeutung, außer einer Fahrkarte nach New York, vor ein paar Tagen abgelaufen. Vielleicht verstehen Sie nun, warum ich mitunter nervtötende Fragen stelle.«

»Sie waren auch in meiner Brauerei?«

»In der Tat. Wollen Sie wissen, was ich dort machte?«

»Bitte, falls es Ihnen nichts ausmacht.«

»Ihr Vorarbeiter erklärte mir, wie Bier gebraut wird.«

»Joe Feldmann hat seinen Standardvortrag gehalten? Der Mann liebt die Arbeit und ist als Vorarbeiter Gold wert.«

»Sie zeigen ein vorbildliches Interesse an Paul Walker, Mister Antz.«

»In meinem Unternehmen geht es sehr familiär zu, Mister Meyer, und das Wohlergehen meiner Mitarbeiter ist mir wichtig. Wer nur Geld scheffelt und die Menschen verachtet, fährt unweigerlich zur Hölle.«

»Guter Christ sind Sie auch.«

»Hoffentlich, Mister Meyer. Gewissheit hat man jedoch erst am Schluss.«

»Gentleman!«, schwärmte Tante Paula, nachdem Antz das Haus verlassen hatte. »Einen Besseren findet man nicht.«

»Ha, was isch denn mit mir?«, fragte Herbert. »Bin ich vielleicht kein Schentelmänn?«

»Du bist in Ordnung, meistens jedenfalls. Maximilian, hast du Herrn Antz helfen können?«

»Firmengeheimnis.«

»Pah!«

»Ich bin oben.«

»Unser junger Herr wird sich wieder aufs Ohr legen.«

»Muss noch einen Gang machen«, sagte Herbert.

»Wer behält in diesem Tohuwabohu noch den Überblick! Einer kreucht ins Wirtshaus, der andere wälzt sich im Bett. Mutwille wie im Hornotternnest!«

»Ich habe überhaupt keine Zeit!«, sagte Meyer entnervt.

»Denksch du, mir macht es Spaß? Wenn Little Paula Wind davon bekommt, kann ich mein Teschtament machen. Außerdem isch Schmieder dein Freund! Das wollen wir mal feschthalten.«

»Hört sich so an, als ob ich dich gezwungen hätte! Wie viele Zeitungen müssen wir überhaupt verteilen?«

»So gefällsch du mir schon besser, Neffe. Schmiederle isch heute morgen nach Carmi aufgebrochen. Wir sollen die Blätter bei einem Nachbarn abholen.«

»Woher weißt du das?«

»Vor der Abfahrt isch er im Laden aufgekreuzt.«

»Verstehe, deswegen ist Paula so lebendig!«

»Ihre genauen Worte waren: Wer möchte einholen, wenn Waldschrate im Geschäft herumlungern? Lass uns gehen, bevor sie noch schlechtere Laune bekommt.«

»Hat er das denn getan?«, fragte Meyer ungläubig.

»Was meinsch?

»Lungerte er herum?«

»Das isch maßlos übertrieben. Schmieder hat sein Sätzle gesagt und dann geschwind das Weite gesucht. Paulale und er sind sich doch spinnefeind.«

»Dein Alibi …?«

»Du stellsch zu viele Fragen!«

»Okay, let's go.«

Schmieders Nachbar im Erdgeschoss war ein alter Mann mit schlechtem Gedächtnis und noch schlimmerem Gehör. »Wir sind gekommen, um Mister Schmieders Zeitungen an uns zu nehmen«, rief Herbert in das verwitterte Hörrohr.

»Zeitungen? Niemand braucht mehr als ein Exemplar. Morgen kommt was Neues raus!«

»Paket für uns?«, fragte Meyer. »Von MISTER SCHMIEDER?«

»Ach so, die hölzerne Kiste! Könnt ihr haben. Hätte man auch gleich sagen können!«

»Ich dachte, es wird Weihnachten, bis wir die Dinger bekommen«, sagte Herbert vor dem Haus. »Hasch du seinen krummen Rücken bemerkt?«

»Nein, ich bin blind!«

»Väterchen Nachbar hat sicher große Schmerzen.«

»Schon gut, ich habe verstanden.« Meyer stellte die Kiste auf dem Gehweg ab und öffnete den Deckel. »Meine Güte!«

»Rückt Paula an?«, fragte Herbert.

»Schlimmer, es sind mindestens 200 Zeitungen. Änderung des Plans: Wir gehen Richtung Fluss.«

»Am Wasser müffelt es immer so, Mäxle.«

»Kein Wunder, wenn alle ihre Abfälle reinkippen!«

»Zweihundert Zeitungen also?«

»Unser Freund war wieder fleißig.«

»Soll ich sämtliche Exemplare tragen?« Herbert hielt die Zeitungen in die Luft.

»Schon gut! Gib mir die Hälfte.«

Meyer ging voraus und sein Onkel folgte ihm absichtlich langsam. Gerügt, verwies er auf das zusätzliche Gewicht und hohes Lebensalter, noch immer hoffend, sich der Aufgabe entledigen zu können. Kurz vor ihrem Ziel, auf der Lake Street, hielt Meyer an. »Wie wäre es, wenn du dich hier aufstellst und ich alleine weitergehe?«

»*So machsch's*. Pass mir auf die Schiffe auf.«

Vor der Brauerei stand Straßenhändler Neil und winkte ihm fragend zu. »Dachte schon, Sie wollen mir Konkurrenz machen. Aber Zeitungen verkauf ich ja nich. Lohnt sich das?«

»Weiß nicht, Neil.«

Der Junge kicherte. »Sie sind mir ja 'n schöner Geschäftsmann.«

»Ich wollte dich um einen Gefallen bitten.«

»Ham Se Hunger?«

»Bitte zwei Käsebrote und ein Ei. Kannst du mir Kleider leihen?«

Der Junge lachte. »Glaub nicht, dass Ihnen meine Klamotten passen.«

»Du hast aber Brüder und Onkel?«

Dreißig Minuten später steckte Meyer in einer groben Jacke, ausgetretenen Stiefeln und dicker Mütze. Das Hemd roch wie Paulas Kohlgerichte. Neil hatte ihm auch seinen Handwagen geliehen. Er schob ihn in Richtung Brauerei, legte eine Zeitung auf den Gehweg und setzte sich darauf. Die Menschen in der Stadt waren zu beschäftigt, um arme Händler zu bemerken. Unter den Holzplanken spurteten die Ratten um die Wette, bis endlich ihr Festmahl begann. Meyer aß die Brote und las Schmieders Blatt, bis es auf dem Boden zu kalt wurde. Er fragte sich, wie der kleine Junge sein Los ertrug, Arbeit im Freien, den Gestank des Flusses und aggressive Händler. Er zog das Gefährt näher zur Brauerei und duckte sich dahinter. Antz saß am Schreibtisch, eine Feder in der Hand. Zwei Stunden später zog er den Mantel an und ging in die Produktionshalle. Was dort vor sich ging, konnte Meyer nicht sehen. Sein Klient tat ihm aber den Gefallen und trat schnell wieder ins Freie. Hinter ihm tänzelte Joe Feldmann, redete mit Händen und Füßen. Antz sah ihn freundlich an und griff in seine Manteltasche. Feldmann wich zurück. Sein Arbeitgeber hielt ein dickes Kuvert in der Hand. Der Vorarbeiter packte es und kehrte in die Halle zurück. Für heute hatte Meyer genug gearbeitet. Auch wollte er sich in der Dunkelheit nicht länger als nötig am Fluss aufhalten. Er ging auf der La Salle Street nach Hause und hoffte für einen Augenblick, noch Onkel Herbert zu treffen, doch der war wahrscheinlich vor Stunden heimgekehrt. Mehr Zeit, darüber nachzudenken, blieb nicht. Der erste Schlag landete auf dem Hinterkopf. Er strauchelte. Der zweite Angriff, auf die Kniekehlen, brachte ihn zu Fall, und weil manchmal aller schlechten Dinge drei sind, landete auch noch ein Knüppel auf seiner Stirn.

Gegen Mitternacht wachte er mit schmerzendem Kopf auf. Onkel Herbert kniete neben ihm und verscheuchte mit dem

Bowiemesser graue, stumpfnasige Ratten. »Fort, ihr Mischtviecher! Mein Neffe wird nicht verspeist. Mäxle, liegsch du gut?«

Meyer fasste sich an die Stirn. »Hatte wenig Zeit, darüber nachzudenken. Was machst du hier?«

»Zeitungsverkäufer schlafen nie.«

»Hast schon bessere Scherze gemacht.«

»Zwei Besoffene krakeelten beim Verlassen des Saloons in der Nachbarschaft. Als ich dein Zimmer gescheckt habe, dachte ich mir, da stimmt was nicht. Wie sich herausstellte, keinen Moment zu früh. Die hässlichen Nager wollten dich anknabbern.«

»Ratten kämpfen nur, wenn man sie in die Ecke drängt.«

»Wer redet denn davon? Hungrig sind die Viecher.«

»Weiß Paula von deiner nächtlichen Exkursion?«

»Bisch du wahnsinnig?«

»Nein, nur benommen. Hilf mir bitte auf die Beine.«

Herbert packte seinen Neffen an den Schultern und zog ihn hoch. »Hasch du gesehen, wer es war?«

»Bürgermeisterchen und zwei Polizisten.«

»Im Ernscht?«

»Natürlich nicht. Es wird eine Straßenbande gewesen sein. Wo ist Neils Gefährt?«

»Schau mal hinter dich.«

Im Dreck der Straße lagen der zertrümmerte Wagen und verstreute Zeitungen.

»Wie soll ich das bloß dem Jungen und Schmieder erklären?«

»Von diesem Neil hasch du sogar im Schlaf gebrabbelt.«

»Bist du bewaffnet?«

»Um diese Zeit? Nadürlich!«

Tante Paula schlief den Schlaf der Fleißigen, stieß in verlässlichen Intervallen die Luft aus und atmete pumpend wieder ein. Richtiges Ruhen war oberste Pflicht, welche man zügig erfüllte, um sich erfrischt wieder der Arbeit zu widmen. Herbert winkte Max in die Küche, entkorkte eine Flasche mit Alkohol und tupfte die Verletzung ab. Meyer wollte sich an den Kopf fassen, doch Herbert zog seine Hand sanft zurück. »Gleich geschafft. Was wirsch du jetzt machen?«

»Den Fall weiterverfolgen. Soviel ist gewiss.«

Herbert schenkte Kirschschnaps in zwei Gläschen. »Auf dein Wohl, Max, und keine Angscht, es isch ein vorzüglicher Tropfen. Nicht zu vergleichen mit dem *Raddegiggl,* den ich dir auf die Wunde gedrückt habe. So, für mich altes Vädderle isch es Zeit, wieder ins Bett zu gehen. Bleib nicht zu lange auf. Wir haben dich von außen und innen desinfiziert. Jetzt braucht dein Körper Ruhe. Morgen sieht die Welt schon anders aus.«

»Vielen Dank für deine Hilfe, Onkel.«

»Keine Ursache, auf mich kannsch du immer zählen.«

Kapitel sechs: Unter der Weide

Obwohl es bereits neun Uhr war, hatte Paula ihn nicht aus dem Schlaf gerissen? Sie saß in der Küche, goss Kaffee ein, schwarz und dick wie Öl. Ein phantastischer Geruch! Was war faul im Staate Illinois?

»Harte Nacht gehabt, Neffe?«

»Kann man wohl sagen!«

»Ist es nur der Kopf?«

»Um diese Uhrzeit stehst du nicht im Laden?«

»Vorsicht ist das Gebot der Stunde, denn noch immer wirft unsere Wirtschaftskrise ihren Schatten. Wenige Kunden kommen. Man spart, kauft nur das Nötigste. Im Grunde kann ich die Menschen verstehen.«

»Ja, dumme Sache.«

»Prüfungen diesen Kalibers erhält man nicht ohne Grund, Maximilian. Wer an einen Scheideweg gelangt, muss sich fragen: Habe ich alles richtig gemacht? Wie soll das Leben weitergehen?«

Mit brummendem Schädel ließ Meyer den klerikalen Fehdehandschuh an sich vorüberziehen.

»Ich bin eine unermüdlich strebende Geschäftsfrau. An mir liegt es kaum!«

»Wie wäre es mit einer Generalüberholung von Schränken, Kisten und Kästen, in der freien Zeit …«

»Hm, Generalüberholung«, wiederholte Paula nachdenklich.

Dass man ihn überfallen hatte, konnte Zufall sein. Banden und einzelne Verbrecher machten Chicago unsicher. Die Polizei war zu gering besetzt, und ging es um Gangstersyndikate, drückte man lieber beide Augen zu, als sich verprügeln oder umbringen zu lassen. Andererseits wusste jedermann, dass bei einem abgerissenen Zeitungsverkäufer nichts zu holen war. Spät am Nachmittag ging er wieder zur Brauerei. Die frische Luft löste seine Kopfschmerzen endgültig auf. Neil war nirgends zu sehen, doch Feldmann eilte aus der Halle. Meyer nahm die Verfolgung auf. Der Vorarbeiter spazierte auf der Wells Street Richtung Süden. Zwei Blocks vom Court House entfernt residierte im »Under the Willow« Gangsterkönig Roger Plant, ein kleiner, spitznasiger Engländer, gefürchteter Kampfgegner und wandelndes Waffenarsenal. Stets führte er zwei Messer, Pistolen und Knüppel mit sich. Die Karriere hatte mit einem Holzhaus begonnen, das von unzähligen An- und Überbauten fast erdrückt wurde. Im Erdgeschoss wurde gespielt, darüber arbeiteten Prostituierte, nicht alle freiwillig. Blaue Vorhänge verdeckten die Fenster. Einen Block zuvor bemerkte Meyer Verfolger, Plants Warnsystem. Zwei Schläger, einer von links, der andere von rechts, klein, unrasiert und nach billigem Fusel riechend. »Schöner Abend heute, Mister!«

»Tja, vor allem, wenn man unter der Weide steht.«

»Unser Chef hat halt eine poetische Ader.«

Meyer antwortete nicht.

»Kann man helfen?«

»Danke, nein. Mir stehen ein Bowiemesser, zwei Revolver und ausreichend Patronen zur Verfügung.«

»Aus der Nachbarschaft?«

»Mehr oder weniger.«

»Der Boss mag keine Konkerrens nich.«

»Das Männchen mit den spitzen Beißerchen?«

»Schau, Sportsfreund, jeder Mann in dieser Stadt hat eine Aufgabe. Unsere ist es zu patromollieren, und was führt dich hierher?«

»Ich bin einem Mann gefolgt, der seine Frau betrügt, und sie ist meine Schwester.«

»Whatever! Falls du was Handfestes brauchst, ruf. Wir sind nie weit weg.«

»Thanks very much. Angenehme Nacht noch, Gentlemen, und meine Empfehlung an Herrn Rädelsführer.« Er musste unbedingt ermitteln, was Feldmann in der Spelunke trieb!

Schmieder stand an der Theke des Saloons, in dem er sein sogenanntes Leibgedinge erwarb, und polierte Gläser.

»Ein Glas Lager wie immer, Maximilian?«

»Warum nicht?«

»Meine Exkursion war von Erfolg gekrönt. Milde Hügel, satte Wiesen, gesunde Menschen! Wie bin ich angetan von diesem Fleckchen Erde in Southern Illinois, ein außerbiblisches Füllhorn! Im Dörfchen Carmi wohnen überwiegend Deutsche. Wenn du die Namen hörst, wähnst du dich in Baden: Burkhard, Ochs, Schuhmacher, Seitz, Specht. Unseren Ankauf habe ich noch nicht tätigen können, doch gute Worte gewechselt mit dem Besitzer.«

Schmieder tat ihm leid. Prärieland war gefragt und stieg täglich im Preis. »Reicht dir das Geld?«

»Nicht ganz. Aber wir sind auf gutem Wege, mein Freund.« Er hob ein Bierglas gegen das Licht. »Wie lief der Verkauf unserer Zeitung?«

»Bitte, was?«, fragte Meyer.

»Du hast doch hoffentlich alle Ausgaben übergeben?«

»Jedenfalls einen guten Teil.«

»Mein Gott, ich gestalte bereits die neue Ausgabe! Unsagbare Konfusion wird es geben!«

»Was ist das Thema der neuen Zeitung?«

»Die Exkursion nach Carmi.«

»Also ein Artikel, der auch etwas warten könnte?«

»Du siehst müde aus, Freund, und … verletzt.«

»Man hat mich überfallen.«

Schmieder schmetterte die Faust auf den Tresen. »Mein Blatt zu stehlen! Elende Reaktionäre, schrecken vor nichts zurück!«

»Ich vermute, die Burschen hatten es eher auf mein Money abgesehen.«

»Aufgrund diesen verbrecherischen Vorfalls trägst du die Schramme am Kopf?«, fragte Schmieder mitfühlend, streckte die Arme weit von sich und drückte sie auf die Theke. »Teile mir die volle Wahrheit mit, Kamerad!«

»Ungefähr die Hälfte konnten wir veräußern, und der Rest ist weitgehend unbeschädigt.«

»Exemplare meiner schönen ›Solidarität‹ sind versehrt! Warum bloß habt ihr das getan?«

»Die Jugendbande war es, nicht wir.«

»Oho, jetzt ist es schon eine ganze Bande!«

»Wir mussten nur wenige Ausgaben wegwerfen. Wirklich, der Rest ist durchaus noch ansehbar, vielleicht nicht im hellen Tageslicht, aber veräußerlich.«

Schmieder schluckte, als ob er mehrere Familienmitglieder verloren hätte. »Nun gut, wann kann ich sie sehen?«

»Darüber wollte ich sprechen. Wollen wir deine Zeitungen gemeinsam verkaufen?«

»Um zehn Uhr habe ich Feierabend. Dann mache ich mich zu Hause frisch. Der Dunst in diesem Etablissement ist beträchtlich. Er schont nicht Haupt, noch Haar oder Kleidung. Gegen halb elf in meinem bescheidenen Domizil?«

»Wo fangen wir an?«, fragte Meyer.

»Kommt darauf an, wo ihr schon weiltet.«

Meyer ging mit seinem Stapel Zeitungen voran und Schmieder war über dieses Engagement entzückt. Bis sie sich Roger's Barracks näherten.

»Wir kommen in eine sehr verkommene Gegend. Es kreuchen hier Vagabunden herum.«

»Vagabunden?«

»Penner, Säufer, Gammler, Schnorrer.«

»Was tut man nicht alles für eine gute Sache, Schmieder!«

Meyer sah unauffällig hinter sich. Die Gorillas hatten Witterung aufgenommen und beim nächsten Block schlossen sie auf. »Haben wir es uns anders überlegt, Sportsfreund?«

»Nein, ich zeige meinem Freund die Gegend«, antwortete Meyer.

»Könnte mir eine Menge lustigerer Dinge vorstellen, wie geschwärztes Papier zu verteilen. Alles möglich im schönen ›Under the Willow‹.«

»Meine ›Solidarität‹ ist eine ernst zu nehmende Zeitung. Auf Ihre rüden Bemerkungen kann ich verzichten!«, erwiderte Schmieder entrüstet.

»Sachte, Big Boy!« Meyer zog ihn am Ärmel weg und winkte den Ganoven.

»Mich in solch verkommenes Viertel zu schleppen! Dir hat man nicht genug Schläge verabreicht!«

»Schmieder, ich habe ein Problem, und nur du kannst mir helfen, es zu lösen.«

»Missgeschicke, in Scharen auftretend.«

»Mach es mir bitte nicht so schwer. Einer von Antz' Arbeitern, Joe Feldmann, geht häufig in Plants Etablissement. Ich muss unbedingt wissen, was er dort treibt ...«

»Saufen, grölen, spielen und sich mit den Dirnen vergnügen! So wie alle liederlichen Tröpfe!«

»... wie viel Geld er ausgibt und mit wem er zusammen ist. Menschen reden gerne, vor allem, wenn sie unzufrieden und besoffen sind.«

»Von düsteren Spelunken halte ich mich fern, denn Abgründe der menschlichen Seele bieten sich mir an der Theke überreichlich.«

»Natürlich, einsam sind die Tapferen. Aber wirst du mir helfen? Es ist wirklich wichtig.«

»Handelt es sich bei dem Mann um einen Verdächtigen?«

»Nicht unbedingt.«

»Max, Max, Max!«

Meyer stand unter der berüchtigten Weide, als ein winziger Fuß die Tür auftrat. Roger Plant zog einen großen Eimer hinter sich her. Kurz vor dem Baum blieb er stehen, trank, knöpfte seine Hose auf, urinierte an die Weide, kippte den Rest des Eimers an den Baum und kehrte in den Saloon zurück. Es verging eine halbe Stunde, bis Schmieder wieder auftauchte. »Schnell! Diesen Sündenpfuhl möchte ich hinter mir lassen! Willenlose, dem Laster ergebene Kreaturen!«

»Verrätst du mir, was der kleine Plant im Eimer hatte?«

»Der … Kerl düngt seine Weide mit Whiskey.«

»Im Ernst?«

»Schmutzige, schnapsfahnige Männer in unterschiedlichen Stufen der Bekleidung lallten mir es ins Ohr.«

»Er kippt also fünf Liter Whiskey an eine alte Weide, um ihr beim Wachsen zu helfen?«

»Sein Getreidebrand ist mit Wasser vermischt.«

»Erzählst du mir, was du sonst noch erfahren hast?«

»Unter einer Bedingung, mein Freund.«

»Oh Gott.«

»Er hat nicht das Geringste damit zu tun. Lediglich zum nächsten Treffen solltest du kommen. Angesichts dessen, was ich für dich tat, ist es nicht zu viel verlangt.«

»Okay, schon gut. Vielleicht ein kleiner Hinweis vorab?«

»Dieser Feldmann war bereits aufgebrochen, als ich ankam. Ich weiß allerdings, wer uns Auskunft geben kann.«

Onkel Herbert hatte ihn zweimal mit großer Wonne gerufen und bereits auf der Treppe hörte er Tantchen wehklagen: »Das Leben isch ein Jammertal.« Dass Paula in den badischen Dialekt glitt, war ein schlechtes Zeichen, denn auf ihr Hochdeutsch, mühsam erworben, war sie sehr stolz. »Da erscheint er, unser Junggeselle, wie immer in verlottertem Hemd.« Sie stand mit dem Kochlöffel vor dem Herd. Zu Weihnachten würde er ihr einen dreizackigen Spieß schenken.

»Wie laufen die Geschäfte, Tante?«

»Schlecht, wenn du es unbedingt wissen musst!«

»Kann ich helfen?«

»Ja, finde Frau und Haushalt.«

»Was gibt es zum Dinner?«

Herbert winkte ab, was höchste Alarmstufe bedeutete.

»Mach du nur deine Zeichen! Wir verspeisen Präriehuhn mit Kartoffeln.«

Mit der guten, alten Kartoffel ließen sich Klöße, Brei, Pudding, Nudeln, Pasteten, Auflauf oder Salat zaubern, und was bekam er? Zerkochte Exemplare der Gattung und Fleisch fragwürdiger Herkunft. »Wieder dieser Taubenverschnitt?«, rutschte es ihm raus.

»Falls einer der Herren kochen möchte, bitte!« Sie deutete auf den Herd.

»So hat er es nicht gemeint«, versuchte Herbert zu schlichten.

»Ich dachte nur, wir könnten zur Abwechslung auch mal Korn der Ureinwohner essen.«

»Welschkorn! Viehfutter esse ich nicht!«

»I rest my case.«

»Kartoffeln sind nahrhaft, gesund, haltbar UND günstig.«

»Natürlich, Tantchen.«

»Den lieben, langen Tag schufte ich, um meiner Familie ein Abendmahl auftischen zu können, und was erhalte ich? Wehklagen!«

»Undank isch der Welt Lohn«, sagte Meyer.

Paula betrachtete ihren Neffen, skeptisch, ob er sie auf den Arm nehmen wollte. »Wann gedenken die Herren, wieder zum Reverend zu gehen, um sich das Laster abzugewöhnen?«

»Welches Laster?«, fragten beide Männer.

»Alkoholsucht! Ihr habt doch nicht etwa mit dem Rauchen angefangen?«

»Wozu Geld ausgeben, wenn ein Pferd im Hof lebt? Auf keinen Fall nehmt ihr den Omnibus.«

Ohne es zu merken, lieferte Tantchen ihnen mit der permanenten Fragerei nach dem Reverend ein Alibi.

»Isch das nicht zu anstrengend für die arme Fanny?«, sagte Herbert.

»Im Gegenteil, der kleine Ausflug tut dem Pferd gut. Geh und schirr es an!«

»Yes, Colonel!«

Onkel Herbert lenkte das Gespann vom Haus weg, fuhr auf der Clark Street zurück und bog bei der New Baptist Church links ab, um hinter der Kirche zu parken. Eine Kutsche mehr würde beim nächsten Gottesdienst niemandem auffallen.

»War es nötig, diesen Umweg zu fahren?«

»Max, du weisch genau, dass Paulale Extratouren nicht schätzt. Auf keinen Fall darf sie den Wagen sehen.«

»Sie hat uns selbst aufgefordert, Fanny anzuspannen.«

»Hajo, aber im Glauben an ein anderes Ziel.«

»Anyway, lass uns hochgehen.«

Herbert zog seine goldene Uhr aus der Westentasche.

»Das alte Ding?«

»Von ihr werde ich mich nie trennen.«

»Zeigt sie noch unsere heimische Stunde an?«

»Hajo, selbschtverständlich! Die Uhr stammt aus Baden.«

»Ich habe mit Schmieder vereinbart, dass wir etwas früher erscheinen, sodass wir in Ruhe talken können.«

»Der Morgen grau, der Abend rot, isch ein guter Wetterbot.«

»Was ist los?«

»Schönes Wetter bekommen wir.«

Als sie die Treppe nach oben schritten, hörten sie Schmieders ausländerfeindlichen Nachbarn hinter der Tür fluchen: »Damned Dutch! Go home!«

»Halt dich besser zurück«, sagte Herbert. »Mit den Iren stellen wir in Chicago die Mehrheit.«

»Vermutlich schimpft er deshalb nur leise.«

Schmieder öffnete, wedelte mit zwei Bögen Papier, die Finger pechschwarz von der Druckerpresse.

»Letztes Mal war es rote Farbe. Wirst du uns auch noch schönes Gold präsentieren?«

»Ich drucke Flugschriften«, antwortete Schmieder frohgemut. »Ihr seid pünktlich. Sehr gut.«

»Gut, denn Onkel Herbert sieht auf seiner goldenen Uhr die badische Zeit.«

»Muss ich das verstehen?«

»Nein.«

»Gut. Tretet ein, Freunde.« Herbert betrachtete das Tohuwabohu. Auf dem Boden türmten sich Zeitungen, aus Schmieders Feder wie auch käuflich erworbene. Reaktionäre Konkurrenz zu studieren, war eine seiner Lieblingsbeschäftigungen. »Bevor ihr kamt, räumte ich auf.«

»Das wäre doch nicht nötig gewesen«, erwiderte Herbert belustigt. Meyer rammte ihm den Ellbogen in die Rippen.

»Leider sind mir Milch und Zucker ausgegangen. Wie kann ich euch helfen?«

»Wenn das ein Scherz sein soll, kann ich nicht lachen«, sagte Herbert. »Ich habe Fanny angetrieben wie ein Rennpferd und jetzt versteht er nicht, warum wir früher erschienen sind!«

»Mit dem Wagen? Hundert Meter vom Haus? Ist euch nicht klar, dass ihr unnötig zur Straßenverschmutzung beitragt! Je mehr Pferde unterwegs sind, umso mehr Hinterlassenschaften.«

»Soll heißen?«

»Äpfel.«

»Hä? Äpfel?«

»Schmieder redet vom großen Geschäft.«

»Pferdemischt! Sag das doch gleich! Ja, den gibt's immer, wo Gäule unterwegs sind. Isch nur menschlich.«

»Schmieder, du hattest mich früher bestellt, weil du über deine Erlebnisse in der Unterwelt berichten wolltest?«

»Schickt mich in die abscheuliche Grotte von Schwerverbrechern!« Er nippte an seinem Kaffee. »Dein Neffe ist sehr fordernd, Herbert.«

»Das isch klar!«

»Ungern erinnere ich daran, dass ich unter einer Bedingung an diesem Meeting teilnehme.«

»Dieser Feldmann kreuzt gelegentlich im Verbrechernest auf.«

»Hat dir jemand eine Zeitung abgekauft?«, rutschte es Herbert heraus.

Meyer sah ihn vorwurfsvoll an.

»Solchen Subjekten würde ich mein Werk nicht für tausend Dollar überlassen.«

»Was machte Feldmann bei Plant?«

»Zweimal darfst du raten.«

»Da gibt es verschiedene Möglichkeiten. Entweder er trinkt und spielt oder er geht zu den Damen im oberen Stock.«

»Ersteres.«

»Ja, und weiter? Lass dir nicht jeden Wurm aus der Nase ziehen.«

»Plant winkte mich zu sich und meinte, dass derjenige, der etwas wissen möchte, gefälligst selbst vorbeikommen soll.«

»Er weiß von mir?«

»Du erwartetest doch nicht, dass ich lüge! Auch musste ich ihm Geld versprechen.«

»Wann hat der Kleine Zeit?«

»Morgen Abend vermutlich.«

»Soll heißen?«

»Es ist die Zeit, welche ich mit ihm vereinbarte. Schurken zählen meiner Erfahrung nach aber nicht zu den verlässlichsten Zeitgenossen, und halte deine Geldbörse bereit, die Hydra zu bändigen.«

»Sehr schön, Schmieder. Vielen Dank.«

»Fürwahr, dieser Bursche sieht zu interessant aus! Fliehendes Kinn, winzige Augen, wie ein klassischer Verbrecher.«

»Es lebe die Phrenologie! Diese sogenannte Wissenschaft macht alles so easy.«

»So ist es«, sagte Schmieder. »Wir werden Großes erreichen.«

Jemand klopfte an die Tür und stand im selben Moment vor ihnen. Kiesinger. »Störe ich die Herren?«

»Keinesfalls, Heinz«, antwortete Schmieder resolut. »Wir endeten gerade.«

»Unser Meeting?«

»Gott bewahre, nein. Es ging um Maxens Fällchen.«

Meyer zwinkerte Kiesinger hinter Schmieders Rücken zu und machte eine Geste, dass er ihn später unbedingt noch sprechen wollte.

»Fangen wir an, Gentlemen? Unser Mister White ist heute leider verhindert.«

Onkel Herbert hatte das Treffen nur mit einer hohen Dosis Kaffee überstanden.

»Willst du den Wagen ziehen?«, fragte Meyer.

»Hä, was meinsch?«

»Du rennst, als ob es um dein Leben ginge.«

»Mein Durscht isch schlimmer als der von Kuno, dem Kraichgaufürscht, und er hat immerhin ein Vermögen versoffen!«

»Ich muss Heinz noch etwas fragen. Willst du vorausfahren?«

»Nein, ich warte. Aber beeile dich bitte.«

Kiesinger fachsimpelte, wie immer nach dem Meeting, mit Schmieder über die Revolution. Nach einer Viertelstunde trat er gut gelaunt auf die Straße.

»Endlich«, stöhnte Herbert.

»Was ist denn mit ihm los?«

»Zu viel Kaffee macht Onkel nervös. Heinz, ich muss dich etwas fragen.«

Kiesinger lächelte. Fragen zu Chicago beantwortete er gerne und als inoffizielles Gedächtnis der Stadt wusste er vieles. »Worum geht es? Geradeheraus geschwätzt!«

»Gibt es in der Historical Society Informationen über Herbert Antz? Mich würde interessieren, ob er Widersacher hat, eine Feindschaft, unter der auch Angestellte leiden?«

»Komm in den nächsten Tagen vorbei und guck, dass du ohne Passierschein durchkommst. Du weisch, dass unser zerzauster Patron nur seinen erlesenen Kreis toleriert, und selbst das unter Qualen.«

»Wie ist euer Treffen verlaufen?« Seit einer halben Stunde versuchte Tante Paula, ihre frühstückenden Männer aufs Glatteis zu führen. Hin und wieder brummten sie etwas Unverständliches in ihre Becher mit Blümleskaffee. »Ihr müsst doch über irgendetwas gesprochen haben!«

»Kelly zitierte aus der Bibel.«

»Altes oder neues Testament?«, fragte Paula, als ob es um eine Abschlussprüfung ginge.

»Wie du weißt, sind wir nicht sehr bibelfest.«

Paula triumphierte. »Ich frage mich: warum nicht? Der Herr spendet mehr Trost als alle Umstürzler! Er ist's, der blitzen lässt.«

Herbert hielt sich die Ohren zu. »Es isch soweit. Unsere hauseigenen Jericho-Trompeten tönen wieder.«

Meyer sah auf die Uhr. »Tantchen, so langsam musst du dich auf den Weg machen.«

»Kann ich frohe Kunde überbringen?«

»Für den Herrn?«

»Verspotte seinen Namen nicht. Ich rede von der schneidigen, jungen Dame, die ein Auge auf dich warf.«

»Hört, hört«, sagte Herbert.

»Ohne deine Traumfrau gesehen zu haben, kann ich nichts sagen.«

»In einer Ehe kommt es nicht nur auf Äußerlichkeiten an.«

»So isch es!«

»Halt du dich da raus! Wärst heute noch ein verlotterter Junggeselle, hätte ich dich nicht auf Vordermann gebracht.«

»Willsch du die Hühner mitnehmen? Vielleicht legen sie größere Eier, wenn der Herr sie segnet.«

»Unbeschreiblich ist mein Dasein unter unbelehrbaren Heiden!«

Am Montagmorgen machte Meyer sich auf den kurzen Weg zur Chicago Historical Society. Bis das Gebäude der Gesellschaft finanziert und erbaut war, residierte man in der obersten Etage des Marine Bank Building, Ecke Lake und La Salle, ein massives, fünfstöckiges Steingebäude mit flachem Dach und langen Fenstern, die in Halbkreisen endeten. Kiesingers Boss war Reverend Barry, ein geckenhafter Kirchenmann, der es nicht mochte, wenn Daten seines wohlfeilen Archivs zweckentfremdet wurden. Als Meyer in den Flur im Erdgeschoss trat, staubte er gerade ein akkurat gerahmtes Dokument mit den Räten der Gesellschaft ab.

»Verehrter Herr Reverend, ich grüße Sie.«

Barry drehte sich wie ein gefällter Baum um, zögerlich, dann umso schneller. »Mit wem habe ich das Vergnügen?«, fragte er, kaum bemüht, seine Bedeutung zu verbergen.

»Sie kennen mich nicht, Sir. Mein Name ist Max Meyer. Ich würde gerne eine Information bei Ihnen einholen.«

»Zu welchem Zwecke?!«

»Meine Tante, der Methodisten-Kirche angehörend, ist entsetzt, behauptet doch eine Kollegin, dass Mister Ogden nicht zu Chicagos Ureinwohnern zählt.«

»Katastrophal!«

»So sehen wir es auch.«

»Ehrenwerter Mister W. B. Ogden ist verdientester Bürger wie auch erster Vizepräsident unserer Society«, dozierte Barry und klopfte mit knorpeligem Zeigefinger auf die Urkunde, die schaukelte und nur langsam wieder das Gleichgewicht fand.

»Genau das haben wir der Dame zu erklären versucht. Doch sie tobte und geiferte und tobte.«

»Wollen wir hoffen, dass das Weibsbild nicht den Teufel im Leib hat.«

»Meine Güte! Daran dachten wir noch gar nicht.«

»Seid auf der Hut! Der Höllenfürst lauert überall!«

»In meiner Heimat heißt es, der Teufel isch ein Eichhörnle.«

»Was soll das bedeuten?«, fragte Barry überaus lustlos.

»Ungefähr dasselbe, was sie gesagt haben.«

»Ist das nicht herrlich! Schön, gehen Sie nur nach oben, junger Mann. Mister Kissinger soll Ihnen eine Abschrift anfertigen.«

»Vielen herzlichen Dank, Reverend.«

»Keine Ursache. Es ist mir ein Bedürfnis, Gläubigen unter die Arme zu greifen. Selbst wenn diese einer anderen Gemeinde angehören.«

»Ich werde Sie auf dem Laufenden halten.«

»Tun Sie das«, antwortete der Reverend und drehte sich weg, um die Urkunde weiter von unsichtbaren Körnchen zu befreien.

Kiesinger kam ihm mit rotem Kopf entgegen.

»Was ist denn mit dir los, Mister Kissinger?«, fragte Meyer. »Luft angehalten?«

»Hasch den Alten getroffen? Hab eurer Unterhaltung zugehört. Der wird sich meinen Namen nie merken.«

»Da er den Eingang versperrte, ließ es sich nicht vermeiden.«

»Alle Achtung vor deiner Übertölpelungsgabe. Was wolltest du noch mal wissen, Max?«

»Machst du Witze?«

»Ja.«

»Haha.«

Kiesinger bat ihn in einen Raum, der sich über das gesamte Stockwerk erstreckte. Deutsche Unermüdlichkeit und angelsächsische Hartnäckigkeit arbeiteten hier Hand in Hand. Meyer betrachtete die Schatzkammer. An den Wänden drängten sich Bücher. Hohe und kurze, wohlbeleibte und schlanke, schwarze und braune, ockerfarbene und rote buhlten um Aufmerksamkeit. Sperrte man Tante Paula hier ein, bekäme sie eine Herzattacke ersten Grades. In der Mitte des Raumes standen zwei lange Eichentische mit Manuskripten. Am liebsten hätte Meyer sich auf dem gemütlichen Sessel niedergelassen und geschmökert. »Euer Archiv ist ganz schön gewachsen. Ein Umzug scheint mir dringend vonnöten.«

»Wissen wir. Also, Antz trägt eine blütenweiße Weste. Ich habe aber tiefer geschürft, in Quellen, die man normalerweise net hinzuziehen kann.«

»Heinz!«

»Schon gut. Der Mann hasst Alkoholgegner.«

»Als Bierbrauer? Ob ich ihm das verübeln kann?«

»Seine Antipathie geht weiter als bei normalen Bürgern. Er spendet viel Geld, um Temperenzvereine zu bekämpfen. In Neu Jersey gibt es einen Verbund, der ihm ein besonderer Dorn im Unternehmerauge ist.«

»Wo bitte?«

»Neu Jersey, bei Neu York.«

»Heißt die Kolonie ›Zügele dein Selbst‹?«

»Du sagst es.«

»Wie bekämpft Antz sie?«

»Du glaubsch doch net ernsthaft, dass das hier vermerkt ist?«

»Nein. Aber wie ich dich kenne, hast du euren fleißigen Reverend befragt. Stimmt's?«

Kiesinger nickte. »Barry hasst Alkohol und alle, die ihn trinken. Überall in den USA hat er Kollegen, auch an der Ostküste. Jedenfalls sendete der Unternehmer einen Schauspieler nach Jersey. Der gab sich als Ex-Alkoholiker aus und führte die Mitbewohner in Versuchung. Ein frommer, junger Mann aus Neu York soll sich ebenfalls für das Projekt angemeldet haben.«

»Ist er Alkoholiker?«

»Nein, er unterstützt das Personal.«

»Genau wie Kelly es gesagt hat. Ist der junge Mann bereits dort?«

»Bin ich ein Orakel?«

»Weiß man, wie er heißt?«

»Maximilian Meyer!«

»Ja?«

»Nein, weiß man net, denn man kann net hexen.«

Reverend Barry korrespondierte sporadisch mit der Ostküste und bekam Briefe nur mit zeitlichem Abstand von den Brüdern und Schwestern. Walker konnte sich demnach bereits in New Jersey aufhalten. Kein Bierbrauer mochte radikale Antialkoholiker. Doch eine Menge Geld auszugeben, um sie zu stoppen, war sonderbar. Meyer hatte nicht auf den Weg geachtet und trat auf eine morsche Stelle im Gehweg. Als er das Knirschen hörte, war es zu spät. Das rechte Bein versank im maroden Holz, gefolgt vom linken, und sein Oberkörper steckte fest.

»Glück gehabt«, sagte ein Passant in Wildlederjacke mit langen Fransen und zog ihn raus.

»Wie man's nimmt«, erwiderte Meyer und ergriff dankbar die angebotene Hand.

»Ohne mich hätten Sie sämtliche Klamotten wegwerfen können, und die Ratten wären zum Knabbern gekommen.«

»Ist mir klar. Danke.« Meyer richtete sich auf und klopfte Schmutz von den Kleidern.

»Haben Sie den Hinweis nicht gesehen?« Der Mann zeigt auf ein Schild neben dem Loch: Shortest way to China – kürzester Weg nach China. »Wo wollen Sie denn hin?«

»Richtung Court House. Vielen Dank noch mal.« Breitbeinig schritt er nach Hause.

Herbert stand in der Küche. »Jesses, was isch denn mit dir passiert?«

»Einer unserer grandiosen Piniengehwege hat mich verschluckt. Nun gelüstet mir nach Kaffee.«

»Setz dich, Neffe. Ich brühe uns einen auf.«

»Musst du nicht in den Laden zurück?«

»Deine Tante gönnt mir eine kurze Pause. Zum Händewaschen. Wo isch es denn passiert?«

»Im Norden.«

»Treib dich nicht immer bei diesen Irländern rum.«

»Du klingst erneut wie deine Gemahlin.«

»Neffe, den gesamten Vormittag habe ich mit Paulale verbracht. Da kannsch du nicht mehr erwarten.«

»So langsam bekomme ich wegen Walker ein ungutes Gefühl und bin unschlüssig, ob ich den Eltern schreiben soll.«

»Wäre es deinem Klienten recht?«

»Wie du weißt, steht für mich das Wohl eines Mitmenschen zuweilen darüber. Eventuell können Walkers auch zur Klärung des Falles beitragen.«

»An deiner Stelle würde ich noch warten.«

»Genau das sagt mir mein Gefühl auch.«

»Zwei Meyer aus Baden können sich nicht täuschen!«

Kapitel sieben: In der Höhle der Löwin

Tante Paula war ins Kellergeschoss gerannt, um ihre Vorräte zu inspizieren. Als Meyer sich zu seinem Onkel an den Tisch setzte, musterte der ihn von oben bis unten.

»Willsch du mich auf dem Rossmarkt versteigern?«, fragte Meyer.

»Sprechen wir wieder Badisch?«

»Solange das Gehirn noch döst, hapert es mit Hochdeutsch.«

»Herr Rücken macht ebenfalls Probleme?«

»Das kannst du laut sagen.«

»Vielleicht solltesch du zum Onkel Doktor gehen.«

»Mein Bestatter riet mir das auch. Denke ich jedoch an den letzten Quacksalber, kommt mir das kalte Grausen. Kann ich dich heute Abend unter vier Augen sprechen?«

»Jederzeit, Mäxle.«

»Wer ist ein Quacksalber?«, wollte Paula, die ins Zimmer getreten war, wissen.

»Speaking about the devil.«

»Kein Englisch in meinem Heim.«

»Ich hätte schwören können, dass ich in der Grocerei schon ein paar Brocken Englisch gehört habe.«

»Quacksalberei? Hoffentlich geht es nicht um das, was ich denke, Neffe?«

»Unser Gespräch wird mir zu albern.« Meyer nahm seinen Kaffeebecher und zwinkerte Herbert zu.

»Immer redet er um den heißen Brei herum, dein Neffe!«, rief Paula.

Wieder grinste die Sonne zu blauem Himmel. Wolken hielten sich fern und das scheußliche Court House stand noch. Wie hieß das architektonische Gegenstück zu Fehlgeburt? Missbau? Misshaus? Er griff nach seinem Poe-Buch, legte es aber in einem Anfall von Arbeitseifer gleich wieder zur Seite. Die zwielichtige Räuberhöhle Plants würde er alleine nicht betreten. Da Schmieder sich weigerte und Herbert noch das Turnbein schwang, blieb nur zu warten. Er überlegte, ob er einen Blaumann veralbern sollte. »Herr Polizist, ein Freund von mir ist bei Roger Plant verschollen. Ich traue mich nicht hinein. Würden Sie mich bitte begleiten?« Um Joints wie diesen machte die Polizei einen großen Bogen. Wenn sie sich vor der Verhaftung eines Ganoven partout nicht drücken konnte, rückte sie in doppelter Stärke an. Paula sagte immer, er solle nicht so ungerecht sein, mit 60 Polizisten 96.000 Einwohner in Schach zu halten, sei schwierig. Drei Jahre zuvor gab man den Polizisten, London und New York folgend, Uniformen und ein festes Gehalt, damit sie Tag und Nacht ihre eitlen Köpfe auf den Straßen präsentieren konnten. Meyer war nicht der Einzige, der lieber ohne sie gelebt hätte. Diese Wichtigtuerei ging ihm auf die Nerven. Es war bereits nach acht Uhr. Er legte einen Hinweis für Herbert auf den Schreibtisch: Bin gleich zurück. Als er mit der neuesten Ausgabe der »Chicago Tribune« zurückkam, turnte sein Onkel noch immer. So lautete die offizielle Beschreibung. Meyer wusste es und Paula ahnte mit Bestimmtheit, dass die Gymnastiker nach der Leibesertüchtigung Lagerbiergläser stemmten. Er las seine Zeitung, die neuerdings die republikanische Partei unterstützte. Die Blattmacher waren fast das gesamte Jahr damit beschäftigt gewesen, Abraham Lincolns Wahl zum Senator von Illinois zu promoten. Auf Seite eins gab es Anzeigen, Neues aus der Wirtschaft, Nachrichten aus der Stadt und das Editorial. Die Schlagzeilen lauteten: »Feuer in der First Congregational Church«, »Drei Schwarze reisen den Missouri River entlang, Richtung Norden in die Freiheit« und, die letzte Meldung vor dem Einnicken, »Ein Arbeiter gräbt in der Dewey Street den Fangzahn eines Mastodons aus«. »Raus aus den Federn, Soldaten der badischen Revolution«, flüsterte jemand in sein Ohr. »Schlaf, mein Kind, schlaf leis, da draußen geht der Preuß. Deinen Vater hat er umgebracht und deine Mutter um den Schlaf gebracht.« Als ein Wirbelsturm wütete, versuchte er, sich am Court House festzuhalten. »Aufwachen, aufwachen!« Neben ihm kniete ein Mann auf dem Boden. »Guten Morgen, Herr Großherzog«, sagte Herbert übermütig. »Wenn du dich legst zu süßer Ruh, und woll'n dir fall'n die Augen zu, so denk zuvor in jeder Nacht, wie du den Tag hasch hingebracht.«

»Du bist es!«

»Wer sonscht?«

»Deinen Neffen mitten in der Nacht aus dem Schlaf zu reißen! Noch dazu mit einem von Tantes Lieblingssprüchen. Der faule badische Großherzog muss nicht lange überlegen, was er gearbeitet hat. Nichts bleibt immer nichts.«

»Da isch aber jemand griesgrämig aufgewacht. Es isch erscht elf Uhr am Abend, Neffe. Guck aus dem Fenschter, wenn du mir nicht glaubsch. Unsere Blaumänner tänzeln umher.«

»Schön für sie!«

»Jawoll! Unser Gang zu Roger Plant's Palace wird *säfer*.«

»Du willst heute Nacht noch los?«

»Warum nicht?«

»Okay. Es heißt übrigens Roger Plant's Barracks.«

»Palace, Barracks, macht keinen Unterschied. Alla hopp!«

Meyer stand auf, goss sich Wasser in eine Schüssel und klatschte davon ins Gesicht. Der Rest spritzte auf den Boden.

Herbert lachte. »Gott sei Dank schnarcht meine bessere Hälfte schon.«

»Onkel, du bist zuweilen etwas unzuverlässig. Hast du ein schlechtes Gewissen?«

»Regelmäßig wenn ich aufstehe und deine Tante sich alle Mühe gibt, die gewünschte Demutshaltung mit draschtischen Bibelzitaten zu untermauern. Bisch du endlich fertig?«

»Mein Hut fehlt noch.«

»Wann trennsch du dich von diesem Hutverschnitt? Revolution wird es in diesem Jahrhundert in Deutschland nicht mehr geben. Du bisch allerdings ein guter Detektiv und machsch viel für die Menschheit, Mäxle.«

»Danke. Auf den Arm nehmen kann ich mich selbst.«

»Im Ernscht. Nur seriöse Fälle nimmsch du an, und wenn dir etwas merkwürdig erscheint, hasch du kein Problem damit, einen Kunden zu beschatten.«

»Klient, bitte. Kunden sind Menschen, die zu Tante Paula in den Laden kommen.«

»Verstehsch aber schon, was ich meine?«

Meyer nickte.

»Etwas für die Exkursion fehlt noch.« Herbert zog seine Jacke zur Seite. Im Gürtel steckten Revolver und Bowiemesser.

Sie waren keine hundert Meter weit gekommen, als ihnen ein Brauereiwagen fast die Füße platt fuhr. Ein Polizist saß auf dem Bock, zwei Kollegen thronten dahinter. Geladen hatten sie zwei gefesselte Ganoven, Fratzen schneidend.

»Was da wohl geschah?«, sagte Meyer. »Ob sie das Bier gemeinsam getrunken haben?«

»Polizei ohne Dienschtfahrzeuge, wahrlich kein Zustand!«

»Ich finde, die sogenannten Ordnungshüter wurden in der letzten Zeit ausreichend gelobt.«

Auf den Straßen wanderten Junggesellen. Wenn die Geschäfte im Erdgeschoss schlossen, wollten alleine stehende Angestellte ihren engen, stickigen Zimmern entkommen. Plants Warnsystem funktionierte wieder tadellos. Einer der Wachhunde winkte Meyer zu und er erwiderte die Geste. Herbert schüttelte irritiert den Kopf. Klein-Roger Plant rannte grölend aus dem Lasterschuppen, mit seinem großen Eimer.

»Oh Gott, nicht schon wieder«, klagte Meyer. »Ferkel!«

Herbert sah nach links und rechts, konnte kein Schwein ausmachen. Wer würde auch mitten in der Nacht ein Tier schlachten? Nicht einmal die Iren waren derart unverfroren. Plant setzte den Eimer an, trank, wischte sich mit dem Hemdsärmel den Mund und rülpste. Die heutige Aufführung brachte etwas ganz Besonderes. »Hier biest du«, brüllte eine Dreizentnerfrau. Mrs Plant, um Köpfe größer, hätte eine Kanonenkugel mit bloßer Hand aufhalten können! Urplötzlich war sie aus dem Nirgendwo aufgetaucht. Ihr braunes Kleid spannte über der gewaltigen Oberweite, dem Bauch und ihren Knien. Über groben Wanderschuhen endete das faltige Kleid. Wie eine wütende Elefantendame schob sie sich voran. Plant kickte den Eimer in die Luft. Sie hob den Gatten auf Armlänge hoch. Betrunken und Gewichtsklassen entfernt, entbehrte sein Strampeln weder des Mutes noch der Komik. »Tob du diech nur aus. Iech kann warten!« Seine Pistolen polterten auf den Boden. »Fehlt nur dien Angebermesser und der dumme Dodschläger!« Sie schüttelte ihren Gatten und der Rest landete ebenfalls auf dem Gehsteig. »Unser Herrchen macht sich schönen Lenz, iech aba muss das Freudenhaus am Laufen halten und zwölf Gören aufziehen. Geld her, aber dallie!« Ihr Gatte machte ein unschuldiges Gesicht. Doch seine bessere Hälfte wusste genau, wo er die Tageseinkünfte aufbewahrte. Mit der freien Hand griff sie in seinen Hosenbund und zog ein dickes, braunes Päckchen hervor. Sie stellte ihn ungestüm wieder auf den Boden und ging ohne ein weiteres Wort ins Haus zurück.

»Bemerkenswertes Paar«, sagte Herbert. »Hasch du gewusst, dass sie sich so innig lieben?«

»Ja, ich hörte Gerüchte.«

»Genau genommen hat Plant drei Frauen gcheiratet.«

»Sag das bloß nicht zu laut. In der Beziehung scheint er sehr empfindlich zu sein.«

»Isch in Ordnung. Gehsch du voran?«

Meyer nickte und näherte sich vorsichtig dem fragilen Holzschuppen, Herbert dicht hinter seinem Neffen.

»Du meine Güte!«

»Was isch los, Neffe?«

Sie blickten auf eine wutentbrannte Mrs Plant. »Was seid iehr für Knielche? Raus miet der Sprache!«

»Angenehm, Herbert Meyer, Großherzogtum Baden.«

»Kenn iech niet!«

Herbert küsste schmatzend ihre Hand. Mrs Plant wurde puterrot, drückte die Handflächen gegeneinander und wiegte die Arme wie ein junges Mädchen. »Das hat noch nie niech keiner gemacht. Galant, galant! Womiet kann iech dienen?«

»Könnten wir bitte Ihren Gatten sprechen?«

»Ah, mienen Alten, gerne.« Sie sah Meyer lüstern an. »Wer biest du, Kleiner?«

»Nef-fe«, stammelte er.

»Was?«

»Bin sein Onkel, gnädige Frau.«

»So ein Hiebscher.«

»Man gibt sich Mühe«, antwortete Herbert.

»Was wollt iehr von mienem Alten?«

»Ihm Moneten zu geben.«

»Oh, das iest gut. Wusste gar niet, dass iehr für ihn arbeided.« Sie donnerte die Faust dreimal und dann zweimal gegen die dicke Eichentür. Plant öffnete demütig. »Liebling, wie geht es dir?«

»Quatsch mier keinen Unsienn niet. Hast wieder gelauscht, was? Die beiden Gentlemans wollen zu dier.«

Plant schüttelte den Kopf. »Zu mir? Nee, kann nicht sein. Hab die Burschen noch nie gesehen.«

Mrs Plant drohte ihm mit der Faust. »Muss iech wieder böse werden, Freundchen?«

»Aber nein. Treten Sie ruhig ein, meine Herren, nur herein.«

Seine Gattin blieb im Türrahmen stehen und wartete, bis die Meyers Platz genommen hatten. »So gefallst du mier schon besser! Bis später, miene Herren.«

Herbert erhob sich. »Bis später, die Dame, und abermals Dank.«

Der Schuppen bestand aus einem einzigen Zimmer und an den Wänden hingen Geweihe. »Wie ich sehe, sind Sie Jäger«, sagte Herbert.

»Na und?«

»In meiner Heimat habe ich auch gejagt.«

»Wo soll das gewesen sein?«

»Großherzogtum Baden.«

»Kenne ich nicht. Besitzen Sie noch Geweihe?«

»Nein, die musste ich leider zurücklassen.«

»Wenn Sie welche bekommen, an mich denken?«

»Mache ich gerne. Unser Freund Schmieder sagt, dass Sie uns Auskunft geben werden.«

»Was für ein Schmieder?«

»Rote Haare, rauschender Vollbart, schwarz gekleidet.«

»Die Figur! Jetzt verstehe ich. Aber vorher wird etwas gezwitschert.« Er zog eine Whiskeybuddel aus der Schreibtischschublade und schenkte staubige Gläser randvoll.

»Auf unsere Kosten, bitte«, sagte Onkel Herbert.

»Sowieso! Bei eurem Laienprediger habe ich in die Röhre gesehen.«

»Was für ein Prediger?«, fragte Herbert.

»Er meint Schmieder.«

»Wollte nicht spielen noch trinken. Verlangte dauernd Wasser. Dabei sah er gar nicht aus, als ob er sich waschen müsste. Cheers!«

Die Meyers kippten das Feuerwasser auf ex und erlitten einen Hustenanfall. »Was zum Teufel ist das?«

»Bester Schnaps! Macht fünf Dollar für jeden.«

»Erzählen Sie uns jetzt, was Sie wissen, Plant.«

»Alles, was ich über den Kerl weiß, habe ich dem komischen Kauz schon verkullert!«

»Reizend! How much?«

»Immer noch zehn Dollar. Zusammen.«

»Onkel Herbert, übernimmst du das bitte?«

»Mein lieber Herr Gesangverein! Wieso denn ich?«

»Ich zahle es dir zurück.«

»Haben wir 'nen Deal?«

»Klar. Jetzt machen Sie es nicht so spannend, Plant!«

»Bierbrauerlein kreuzt ab und zu auf. Einmal hatte er ein Kuvert mit Banknoten bei sich, innen in der Jacke versteckt. So was merke ich gleich. Fischte die Geldscheine einzeln hervor und kam sich sehr schlau vor. Als er uns verließ, hat er nicht mehr gelacht.«

»Verlor er viel Geld?«

»Joh! Verspielt und vor allen Dingen versoffen. Hin und wieder hatte er Gesellschaft.«

»Etwas genauer bitte.«

»Zwei Personen, junger Kerl mit blonden Haaren. Sah auch wie ein Pfarrer aus, hat sich aber amüsiert.«

»Gut, und der andere?«

»Fehl am Platz, teuer angezogen, mit Upperclass-Manieren. Für Pinkel mit seinem Einkommen gibt es feinere Gesellschaften. Bierbrauerlein holte die Getränke.«

»Der Vornehme«, fragte Meyer, »wie wirkte er auf Sie?«

»Hör'n Se schlecht, Mann?«

Meyer verlor die Geduld. Sein Onkel legte ihm die Hand auf die Schulter.

»Fühlte er sich unwohl hier?«

Plant suchte irgendwo in der Luft nach einer Antwort. »Falls ja, kann er verdammt gut schauspielern. Sie müssen jetz gehen. Meine Alte wird langsam gereizt.«

»Tatsächlich?«

»Klar, kann se durch die Tür schnauben hören.«

»Eine Frage noch. Bezahlte der Reichere alle Wetten?«

»Adios, Amigos!«

Es war ein Uhr nachts, als sie zu Hause eintrafen. Herbert hängte ihre Jacken in den Hof, um Paula die Ermittlung zu erschweren. »Es isch nur wegen des Rauchs.« Meyer nickte verständnisvoll. Heute hatte er von einer neuen Seite seines Klienten erfahren, und vielleicht war sogar Paul Walkers Weste nicht überall weiß.

Kapitel acht: Chicagos historische Gesellschaft

»Für Gottes Segen muss man sich regen«, informierte Paula ihre Verwandten. Weil Sonntag war, trug sie festlich-schwarze Kirchenkleidung. Hellrot glühten ihre Wangen. »Heiraten bringt nur Vorteile mit sich, Maximilian. Man hat fortwährend einen Ansprechpartner, dem man Leid klagen kann!«

»Geteiltes Leid isch halbes Leid.«

»Ruhe bitte! Sapperlot, hast mich aus dem Konzept gebracht. Wo war ich stehengeblieben?«

»Beim Leid«, sagte Herbert.

»Richtig! Man teilt alles, auch das Geld.«

»Davon weiß ich noch gar nichts!«

Paula schenkte sich Kaffee ein und rührte drei Löffel Zucker hinein. Normalerweise hätten die Männer bei jeder Portion laut mitgezählt: »Eins, zwei und drei!« Aber heute trauten sie sich nicht.

»In Zeiten der Not ist jemand da, der einen nach Kräften unterstützt.«

»Läuten da irgendwo Kirchenglocken?«

»Kannst spotten, so viel du willst, Maximilian. Heute werde ich der jungen Dame mitteilen, dass du Interesse bekundest. Noch etwas: Eure Jacken hatten genügend frische Luft!« Sie nickte und setzte ihr Hütchen auf. Meyer wollte etwas sagen, doch Herbert schüttelte heftig den Kopf.

Nach ihrem Abgang streckte Herbert grinsend die Arme in die Luft. Sein Neffe schenkte den Rest des Kaffees ein.

»Max, hat dich unser Ausflug weitergebracht?«

»Beachtlich, dass Antz in solch einem Schuppen verkehrt. Bei Walker kann ich es mir erklären. Der junge Mann möchte seine Mitmenschen missionieren. Dafür nimmt er einiges in Kauf.«

»Was willsch du nun tun?«

»Mit Antz reden.«

»Kannsch du ihm etwas Neues berichten?«

»Genau genommen nicht. Ich mache einen Höflichkeitsbesuch und stelle ihm zu den vorliegenden Fakten einige Fragen. Wenn er mit dem Vorarbeiter bei Plant war, weiß er vielleicht auch etwas über Paul Walker, das er zu erwähnen vergaß. Was hast du vor?«

»Die sturmfreie Bude nutzen.«

»Du erwartest Damenbesuch?«

»Bisch du wahnsinnig? Dieser Zug isch vor Jahren schon abgefahren. Schmieder und zwei Kollegen vom Turnverein kommen vorbei.«

»Mein lieber Onkel, mit dir zu leben, ist, als ob man jeden Tag eine unbekannte Insel entdeckt.«

»Schwätz doch keinen Käs! Irgendjemand muss den Männern ja die Haare schneiden.«

Es war geradezu heroisch von seinem Onkel, sich wieder fürs Frisieren zu opfern. Seinen spezifischen Stil konnte man in Chicago aus fünfzig Yard erkennen. Meyer hatte es ein einziges Mal ausprobiert, lange Wochen, zwei zähe Tage und ungezählte Stunden bereut. Herbert unternahm längst keinen Versuch mehr, ihn zu überreden. Er fand genügend Herren, die sein *No-Hau* zu schätzen wussten.

Reverend Barry stand im Eingang der Historical Society, das weiße Haar zerzaust. Tapferer Mann, dachte Meyer, nimmt es in Kauf, dass man ihn mit einem Hausierer verwechselt. Fehlt nur noch der Bauchladen. Er streckte ihm die Hand entgegen. Barry musterte ihn wie ein nervöser Berglöwe.

»Max Meyer, der Name. Wir sahen uns unlängst.«

»Nein. Ich erinnere mich nicht.«

»Es war hier in Ihrem Hause. Sie halfen mir bezüglich eines Kirchenmitgliedes.«

»Die Besessene!!«

»Genau.«

»Wie war der Name?«

»Der Name der Frau?«

»Ihrer.«

»Meyer.«

»Nicht Muller?«

»Nein, Max Meyer.«

»Sind Sie sicher?«

»Absolut.«

»In Ordnung. Wie geht es der verquerten Frau?«, erkundigte sich der Kirchenmann mit einer Mischung aus Gier und Pflichtbewusstsein.

»Gar nicht gut, Reverend«, sagte Meyer und musste fast grinsen.

»Gütiger Gott, was nun wieder?«

»Stellen Sie sich vor, die Dame bestreitet, dass sich Mister Wentworth um unsere Stadt verdient machte!«

»Derselbe Mister Wentworth, welchen wir auch Long John Wentworth nennen?«

»Exactly.«

Barry legte sich die Hand aufs Herz. »Gipfel der Schamlosigkeit!«

»Könnte ich eventuell noch einen schriftlichen Beweis aus Ihrem geschätzten Archiv bekommen?«

»Damit wäre Ihnen gedient?«

»Yes, Sir.«

»So sollen Sie meinen Segen haben, junger Mann. Gehen Sie nach oben zu Mister Kissinger. Er wird Ihnen die passende Abschrift anfertigen.«

»Herzlichen Dank, Reverend.«

»Nichts zu danken, mein Sohn. Ich bin nur bescheidener Diener des Herrn.«

Kiesinger stand in der offenen Tür und hielt sich den Bauch vor Lachen.

»Na, wieder gelauscht, Mister Kissinger?«

»Hast dich selbst übertroffen. Große *Kurasch*!«

»Danke für die Blumen, Heinz. Für meinen Besuch gibt es einen Grund.«

»Willst Besessene kurieren. Ich weiß.«

»Lass die Scherze. Es geht um Antz. Ich muss ihn unbedingt zu Hause aufsuchen.«

»Geradeheraus geschwätzt!«

»Dazu benötige ich seine Adresse.«

»Wie wär's mit dem City Business Directory? Branchen, Namen und Adressen! Dann gibt es noch das City Directory für private Einträge, ebenfalls mit Namen und Adressen.«

»Sämtliche Einträge sind freiwillig, und Antz hat sich vielleicht nicht aufnehmen lassen.«

»Sehen wir doch mal nach«, sagte Kiesinger und stapfte zielstrebig zu seinem Sekretär. Er befeuchte den Mittelfinger mit der Zunge und blätterte in einem Verzeichnis. Meyer fragte sich, ob er die aufreizende Prozedur bei jeder Seite wiederholen würde. »Nein«, sagte Kiesinger nach einer Weile. »Du hast Recht.«

»Siehst du.«

»Wieso fragst du ihn net?«

»Es soll eine Überraschung sein.«

»Hasch schon besser geschwindelt.«

»Euch Durlachern kann man nichts vormachen.«

»Es ist hoffentlich für einen guten Zweck?«

»Natürlich, um den vermissten Jungen zu finden.«

»Solche Informationen sind streng vertraulich …«

»So soll es sein. Doch wenn jemand dem besagten Herrn dringend etwas sagen wollte, wo müsste er suchen?«

Antz' Haus lag auf der Michigan Avenue, mit Seeblick. Kiesinger verriet den Straßennamen, enthielt ihm aber die Hausnummer vor. Kompromiss, mit dem man leben konnte. Meyer wandte sich an einen ärmlich gekleideten Mann, der mit eisernem Griff eine Briefmappe umklammerte. »Monroe, Ecke Wabash« antwortete dieser abgehackt.

Meyer wollte ihm etwas Geld in die Hand drücken.

»Ich verdiene mein Salär, bin kein Bettler!«

»Womit, wenn man fragen darf?«

»Vor Ihnen steht ein Peddler der gehobenen Sorte. Wir geben Wissen weiter.«

»Hat es mit den Sternen zu tun?«

»Kein Hokuspokus! Ich lehre feine Damen und ihre Köchinnen neue Rezepte und bereite auf Wunsch die Gerichte auch zu.«

Vielleicht sollte er den Mann zu Tante Paula schicken. Doch was ließ sich Schmackhaftes aus altem Kohl, Schaf und Schweinsohren zubereiten? Antz' Haus war in griechischem Stil erbaut und hätte auf einer Baumwollplantage stehen können. Manche sagten, derartige Bauwerke stünden für aristokratische Stagnation und Sklaventreiberei. Doch in den Jahren zwischen 1820 und 1840 waren überall im Land Gebäude in antikem Stil errichtet worden, und im Norden bedeuteten Wiederbelebungen der Klassik ohnehin Demokratie und Fortschritt. Der Grundstückszaun mit kunstvollem, zweireihigem Rautenmuster war aus weißem Stein gemeißelt und besagte: »Hier wohnt ein bedeutender Mann. Überlege dir gut, ob du ihn störst!« Warnungen wie diese funktionierten bei den meisten Menschen, nicht aber beim Demokraten Meyer. Als er das Gelände betrat, rannten ihm aus dem Schatten der Bäume zwei kleine Mädchen mit Zöpfen entgegen, etwa fünf und acht Jahre alt.

»Wer bist du denn?«, fragte die Jüngere der beiden.

Er zog den Schlapphut. »Max.«

»Woher kommt dein Hut?«

»Den habe ich während der badischen Revolution getragen.«

Verständnislos sahen die Mädchen ihn an. Revolution war ein unbekanntes Wort und damit langweilig. Sie rannten wieder weg. Aus dem Haus trat ein schlanker Bediensteter in schwarzer Hose und weißem Jackett. »Kann ich Ihnen helfen, Sir?«

»Max Meyer heiße ich.«

Der Butler wartete, bis der Eindringling, denn das war er ohne Anmeldung, sein Begehren nannte.

»Ich würde gerne mit dem Hausherrn sprechen.«

»Wen meinen Sie?«

Gutes Anti-Gangster-Training! »Mister Antz, den kennen Sie doch?«

»Selbstverständlich, Sir«, sagte der Butler, ohne eine Miene zu verziehen. »Möchten Sie vielleicht auf der Veranda warten, während ich Sie anmelde?«

»Mit dem größten Vergnügen.«

Er hörte das Klirren von Gläsern, mit denen man sich zuprostete. Antz kam geeilt, mit gesenktem Kopf, schwenkte eine große, weiße Serviette.

»Über Ihren Überraschungsbesuch bin ich nicht erfreut.«

»Guten Tag, Mister Antz.«

»Hatte ich Sie nicht gebeten, die Sache diskret zu behandeln?«

»Inwiefern verstößt ein Besuch bei meinem Klienten, an dessen Haus ich zufällig vorbeispaziere, gegen die Verschwiegenheitspflicht?«

»Schön. Lassen Sie uns ein Stück vom Haus weggehen.«

Meyer folgte ihm zum Zaun. »Schöne Villa. Nach Ihren Wünschen gebaut?«

»Nein, das Haus wurde für den Vorbesitzer errichtet.«

»Wer waren die reizenden Mädchen, die mich begrüßten?«

»Meine Enkelinnen, Kinder der Tochter. Hören Sie, Herr Meyer, ich bin ein Familienmensch, arbeite sechs Tage in der Woche. Den siebten widme ich meiner Familie. Lassen Sie uns also keine langen Reden schwingen. Wie kann ich Sie unterstützen?«

»In Ihrer Sache habe ich einiges recherchiert. Unter anderem habe ich Herrn Plants Anwesen einen Besuch abgestattet.«

»Plant …?«

»Ich hätte nicht gedacht, dass irgendjemand in der Stadt nicht weiß, wer Roger Plant ist.«

»Right, dann bin ich der Einzige.«

»Sie wurden dort gesehen.«

Antz blickte in die Ferne.

»Gemeinsam mit Joe Feldmann, Ihrem Vorarbeiter.«

»Ist Ihnen nicht die Idee gekommen, dass man mich mit jemandem verwechselt?«

»Natürlich, andererseits, wie viele Männer Ihres Schlages kennt jemand wie Joe Feldmann?«

»Wie gesagt, Mister Meyer, ich treffe mich ungern am Sonntag mit Geschäftspartnern. Sie sind ein guter Detektiv und es ist … durchaus möglich, dass ich aus irgendeinem Grund in diesem Saloon war.«

»Genau genommen, ist es eine Spielhölle mit Bordell.«

»Anyway, eventuell hatte ich Lust, ein Spielchen zu machen. Mein Vorarbeiter nimmt hin und wieder Karten in die Hand. Was lag also näher, als ihn zu fragen?«

»Sie sind mit ihm in eine der verruchtesten Spelunken gegangen und stellen es wie einen Trip ins Grüne dar.«

»Wer viel arbeitet, hat auch ein Recht auf Zerstreuung. Nicht so wunderlich, wie Sie es darstellen!«

Als er in die Küche kam, um sich Wasser für seinen Kaffee zu holen, traf er auf Paula und eine vollschlanke, junge Frau mit Schwarzwälderinnen-Bollenhut. Tantchen redete wie an einem Kindergeburtstag: »Maximilian ist groß und sehr stark.«

»Hallo zusammen!«

Paula sprang auf. »Agathe, darf ich vorstellen, unser Mäxchen!« Mit unauffälliger Kinnbewegung wies sie auf den Bollenhut. Er versuchte, einfältig zu wirken, was mit offenem Mund gut gelang. Die Besucherin blickte scheu zu Boden, bekam vom Mienenspiel ihrer Gastgeber nichts mit. Abrupt stand sie ebenfalls auf und machte einen Knicks. Paula drückte sie mit sanftem Druck wieder auf ihren Stuhl, denn ein Gast musste sich niemals erheben, Damen schon gar nicht. Im Sitzen war Agathe fast so groß wie er und ihr bodenlanges, weit geschnittenes Kleid hätte gute Dienste als Zelt geleistet. Er musste an Mrs Plant denken, die ihren Ehemann schüttelte.

»Maximilian, das ist die junge Dame, von der ich dir erzählte.«

»Wer?«

»Agathe!«

»Aus Karlsruhe?«

»Nein! Aus meiner Kirchengemeinde, hier in Chicago. Ihre Eltern stammen aus Reichenbach im schönen Schwarzwald. Setz dich an den Tisch und trink Kaffee mit uns.«

»Wenn es nicht zu lange dauert. Ich muss noch an meinem Fall arbeiten.«

»Sonntags?«, rutschte es Agathe heraus.

»Maximilian bezeichnet, äh, auch leichte Denksportaufgaben als Arbeit.«

»Was haben Sie für einen Beruf, wenn ich fragen darf?«

»Privater Detektiv.« Hätte er Echsenfänger gesagt, wäre die Verwunderung wahrscheinlich nicht so groß gewesen.

Paula schüttelte den Kopf. »Maximilian ist viel im Handel tätig. Import und Export. Im Moment schreibt er gerade ein Buch über seine politischen Erlebnisse in der Heimat.«

»Tue ich das?«

»Unbedingt!«

»Sie sind also Politiker?«

»So ähnlich«, antwortete Paula.

»Wie spannend! Dann werden Sie noch Bürgermeister von Chicago?«

»Nicht, wenn ich es verhindern kann.«

»Kaffee, ihr beiden Turteltauben?«

Meyer überlegte angestrengt, wie er der Falle entkommen konnte, als es an der Tür klopfte.

»Herein«, sagte Paula.

Ihr Mann trat in die Küche.

»Wo kommst du denn her?«, fragte sie brüsk, für einen Moment die mühsam erlernten Manieren vergessend.

»Von draußen, vom Stall, und muss euch sagen …«

»Schon gut. Das ist eine Bekannte von Maximilian.«

Herbert schüttelte Agathe die Hand und sah dann zum Neffen, der mit den Schultern zuckte.

»Sag's ungern, aber ich entführe euch Mäxle.«

»Muss das sein?«

»Dringende Angelegenheit unter Männern.«

Fanny freute sich über die Gesellschaft und stupste die Männer vergnügt mit der Schnauze an. Auf einer Kiste lagen Schere, Rasiermesser und Spiegel. Es roch nach frischem Stroh.

»Hier hast du den Männern die Haare geschnitten?«

»Nadürlich. Fanny gefällt es.«

»Vielen Dank, dass du mich gerettet hast.«

»Hajo, sonscht wärsch du noch mit der *Bumbel* verkuppelt worden. Weisch du, was es mit dem Bollenhut auf sich hat?«

»Nein, aber ich ahne, dass du es mir anvertrauen willst.«

»Da hasch du aber Recht. Elf schwarze Bollen bedeuten, dass das Mädel verheiratet isch. Elf rote Bollen signalisieren: noch zu haben. Nur die Reichenbacherinnen tragen diese Tracht.«

»Zu einem völlig anderen Thema: Wen könnte ich noch zum Fall befragen?«

»Alle Personen, die Walker kennt, hasch du schon aufgesucht. Warum gehsch du nicht an die Orte, die er kannte?«

»In der Turnhalle war ich bereits, auch bei seinem Vermieter, in der Brauerei …«

»Turner lieben frische Luft und Paul Walker geht bestimmt gerne spazieren. Vielleicht am Fluss?«

»Du sagst doch selbst, dass es dort übel riecht.«

»Was soll der Junge in seiner kurzen Lunchpause machen? Zum See rennen und reinspringen?«

Manchmal waren es einfache Dinge, auf die man nicht kam, und das Gehirn benötigte einen winzigen Anstoß, um wieder zu funktionieren. Genau wie Poe es im »Stibitzten Brief« beschrieb. Er hatte an den Fluss gedacht. War es der penetrante Geruch, der ihn abgehalten hatte? Wie auch immer der Tag begann, ob Sonnenschein oder Regen, die Arbeiter am Gewässer verluden vom frühen Morgen bis zum Abend Kisten, stapelten sie zum Weitertransport in fünfstöckigen Hallen. Erst im Jahr zuvor hatte ein Brand zahlreiche Gebäude in Lake und South Water Street zerstört. Doch die Stadt und ihre Bewohner ließen sich nicht unterkriegen. Alle Häuser wurden neu errichtet, breiter noch und höher. Dutzende Firmen nahmen mehrere Meilen des Flussufers ein. Von den großen Seen brachten Schiffe Holz, das direkt am Wasser verarbeitet wurde. Fässer mit Zucker, Molasse, Rum, Whiskey und Getreidesäcke wanderten über holzgeplankten Boden. Größere Unternehmen besaßen eigene Zugstopps. Meyer stand am Ufer und betrachtete dreimastige Schoner. Wundersamerweise schlängelten die riesigen Schiffe sich ohne Schrammen aneinander vorbei. Er spazierte am südlichen Flussufer entlang, weit weg von der Brauerei, noch ohne zu wissen, was er hier wollte. Walker ging in seiner Lunchpause vielleicht am Fluss spazieren. So what? Er würde ihn kaum wie Diogenes als Tonnenbewohner finden. Ein Arbeiter wischte sich Schweiß von der Stirn und sah dem Schlapphutmann ohne körperliche Beschäftigung neidisch hinterher. Meyer winkte ihm, doch der Mann glotzte nur verständnislos. »Schöner Tag heute, was?«, sagte jemand und legte Meyer die Hand auf die Schulter. Instinktiv griff er nach seinem Revolver. »Junger Mann, ein Schießeisen müssen Sie wegen mir nicht ziehen.« Seine wenigen Haare hingen in filzigen Zotteln herab und der graue Vollbart wucherte in das Hemd. Er war etwa fünfzig Jahre alt, vom Leben im Freien gezeichnet, die Kleidung abgetragen und zerschlissen. Leichter Alkoholgeruch lag in der Luft.

»Was machen Sie hier?«, fragte Meyer.

»Das Gleiche könnte ich Sie fragen!«

»Schlagfertige Antwort.«

»Danke für die Blumen. In meinem früheren Leben konnte ich sogar Hiebe verteilen. Doch das ist lange her.«

»Am Fluss spazieren gehen«, sagte Meyer.

»Bitte?«

»Sie wollten wissen, was ich hier mache. Promenieren.«

»Genau wie ich.«

»Sie sind ein vorsichtiger Mensch, verraten nicht zu viel.«

»Wer seine Zelte unter freiem Himmel aufschlägt, dem bleibt nichts anderes übrig.«

»Sehen Sie viele Menschen?«

»Kann man sagen.«

»Auch solche, die nicht hierher gehören?«

»Ja, Schlapphutmänner zum Beispiel.«

»Welchen Beruf haben Sie früher ausgeübt? Lassen Sie mich raten. Lehrer?«

Der Mann schwieg, wirkte verstimmt.

»Es war nicht böse gemeint.«

»Womit verdienen Sie Ihr Brot?«

»Detektiv.«

»Good-bye!«

»Habe ich eine blaue Uniform an oder prangt ein Stern auf meiner Brust?«

»No, Sir.«

»Sehen Sie. Ich bin privater Ermittler und bin wegen eines Falles am Fluss.«

»In der Tat war ich Lehrer, erlag aber wie so viele dem Goldrausch. Wie Sie sehen, bekam es mir nicht gut. Wen suchen Sie denn?«

»Sie denken, dass ich jemanden suche?«

»Was am Fluss verschifft wird, dürfte Ihnen klar gewesen sein. Deshalb mussten Sie sich nicht herbemühen. Demnach kann es nur ein Mensch sein.«

»So genau kann ich es nicht sagen. Brauereiarbeiter oder Besitzer der Firma.«

»Letzterer irrte unlängst am Flussufer entlang.«

»Antz?«, fragte Meyer.

»Der Typ, den ich gesehen habe, führt das Unternehmen ganz in der Nähe, und ja, Antz heißt er wohl.«

»Was genau hat er getan?«

Der Mann sah Meyer streng an. »Als ob umherirren nicht präzise wäre! Er ging vor und zurück, immer am Ufer entlang an, auf der Suche nach etwas.«

»Hat er sie bemerkt?«

»Nein, Herr Ermittler! Holzstapel verdeckten mich.«

»Wurde er fündig?«

»Das entzieht sich meiner Kenntnis, zumal ich nicht weiß, wonach er suchte.«

»Haben Sie gerade etwas vor?«

»Außer mit Ihnen zu plaudern? Nein.«

»Kommen sie mit zur Brauerei, um den Mann zu identifizieren?«

»Ärger vermeide ich gerne.«

»Es soll Ihr Schaden nicht ein.«

»Natürlich, für Geld machen abgerissene Penner alles!«

»Bezeichnen wir es als Entschädigung für Ihre Mühen. Okay?«

»Von mir aus.«

»Let's go.«

Meyer hatte gehofft, dass Antz über Mittag den Betrieb verließ. Doch er blieb in seinem Büro sitzen.

Obwohl Meyer nicht damit gerechnet hatte, stand der empfindliche Lehrer tags darauf am Fluss. Rätselhaft, wie er frisch gewaschen und rasiert sein konnte.

»Na, ausgeschlafen, der Herr? Oder haben Sie Ihre eigenwillige Kopfbedeckung nicht gefunden?«

»Wenn Sie wüssten, wie viele Kalauer ich bereits über meinen Hut hörte. Im Lake Michigan gibt es weniger Wassertropfen.«

»Er sieht aber auch zu originell aus. Sind Sie hungrig?«

»Wenn wir den Job hinter uns gebracht haben, spendiere ich Ihnen Käsebrote.«

»Zuerst die Arbeit, dann das Vergnügen. Wurst auch?«

»Was immer Sie möchten. Ist unser Kandidat eingetroffen?«

»Nein, noch nicht.«

»Folgen Sie mir bitte.«

»Sie wollen schon aufbrechen?«

»Nur eine sichere Position aufsuchen. An der nächsten Ecke können wir ihn sehen, er uns aber nicht.«

Lange mussten sie nicht warten. Der Lehrer sah sich den Mann intensiv an und nickte dann.

»Ist er es?«

»Ich denke schon.«

»Sie denken schon?«

»Ja, wenn ich es Ihnen doch sage.«

Nachdem Meyer ihn für seine Hilfe bedacht hatte, bezog er wieder Position. Bis zur Lunchpause ereignete sich nichts. Am frühen Nachmittag trafen Antz' Schwiegersohn und seine Enkelinnen ein. Der Unternehmer führte sie über das Brauereigelände, schien in weit ausholenden Gesten etwas zu erklären. Ein neues Geschäftsvorhaben? In regelmäßigen Abständen klopfte er dem jungen Mann auf die Schulter. Keine Spur von Konkurrenz.

Meyer sah aus dem Fenster. Das hässliche Court House stand noch immer und in der New Baptist Church läuteten die Glocken. Mister Wright schloss die Läden und bereitete sich auf den Feierabend vor. Er hegte eine innige Beziehung zum Rye Whiskey. Was wohl aus seinem Business Partner Mister McClure geworden war? Seit Wochen hatte er den urigen Schotten nicht gesehen. Zurück zum Fall, Maximilian! Das Urteilsvermögen des Lehrers war nicht gut. Oder wollte der Mann nur die Sandwiches ergattern? Dann wäre es besser gewesen, ihn länger hinzuhalten. Die Person, die er identifizierte, war ein x-beliebiger Passant, nicht Antz.

Kapitel neun: Nachricht vom Vermissten

Zwei Tage später kam eine Nachricht von Antz. Paula reichte sie ihm beim Frühstück mit zitternder Hand. »Wer war der Mann, der zustellte?«, fragte sie.

»Woher soll ich das wissen? Du hast doch mit ihm geredet.«

»Mein Gott, Unheil dräut!«

»Dramatik wie in griechischen Tragödien. Damokles' Schwert schwebt schon über uns.«

»Mit dem Schicksal treibt man keinen Schabernack!«

Den Vormittag über blieb er zu Hause und las. Jammerschade, dass Mister Poe vor neun Jahren gestorben war. Zu gerne hätte er den Mann einmal getroffen. Um exakt zwei Uhr betrat er das Büro des Unternehmers. Pünktlichkeit war eine Tugend, auf die er stolz war. Antz richtete den Zeigefinger auf ihn.

»Ich komme unbewaffnet.«

»Mister Meyer, immer lustig. Schön, dass Sie sich kurzfristig freinehmen konnten.« Er streckte ihm die Hand entgegen.

»Für meine Klienten ist kein Aufwand zu hoch.«

»Es gibt gute Nachrichten!« Antz wedelte mit einem Brief, strahlte dabei wie ein Bürgermeister, der den Stadttor-Schlüssel überreicht.

»Post für mich?«

»Lesen Sie bitte, Herr Meyer.«

»Das ist an Ihre Brauerei gerichtet.«

»Schauen Sie sich den Absender an, ja?«

»Paul Walker, Tree Road, New Jersey.«

»Warum lesen Sie die Zeilen nicht laut vor? Machen Sie uns die Freude!«

»Meine werten Damen und Herren, aufgrund meiner überstürzten Abreise hatte ich keine Gelegenheit, mich gebührend von den lieben Kollegen und besonders Herrn Antz zu verabschieden. Ich wählte ein neues Domizil in New Jersey, wo ich gebraucht werde und Gutes vollbringen kann. In der Brauerei von Herrn Antz verlebte ich eine schöne Zeit und machte gute Erfahrungen, die mir im Leben immer wieder von Nutzen sein werden. Allen, die ich kennenlernen durfte, wünsche ich viel Kraft im Leben und gute Gedanken. Herzlichst, euer Paul Walker. PS: Grüßt mir Sweet Home Chicago, eine Stadt, die es gut mit mir meinte.«

»Nun?«, fragte Antz.

»Sehr schöner Brief.«

»Das finde ich auch! Vor allem, wenn man bedenkt, wie jung unser Paul ist.«

»Vergessen wir nicht, dass er den Herrn auf seiner Seite hat.«

»Sie haben vollkommen Recht, Mister Meyer. Glaube vermag Berge zu versetzen. Darf ich Ihnen etwas zu trinken anbieten?«

Er machte eine ablehnende Bewegung und Antz schaute verdrossen.

»Die Ursache für Pauls Verschwinden hat sich in Wohlgefallen aufgelöst. Wir müssen uns keine Sorgen mehr machen und ich Ihre Dienste nicht länger in Anspruch nehmen. Wobei es natürlich kein Muss war, sondern freundliche Kooperation.« Der Unternehmer zückte ein Kuvert. »Ihr Honorar, lieber Herr Meyer.«

Er ging nach Hause und versteckte das Geld in seinem Zimmer. Dass sich Fälle von selbst lösten, hatte er noch nie erlebt und machte sich Vorwürfe, weil er geschwiegen hatte. Doch was wäre zu erwidern gewesen?

»Hallo, Herr Meyer, sind Sie das?« Mrs Glück stand in ihrer Haustür und winkte. Woher wusste die Frau, dass er mit ihr sprechen wollte?

»Guten Tag«, rief er zurück.

»Kaffee?«

Er setzte sich auf einen Sessel und Mrs Glück nahm auf dem Sofa gegenüber Platz. Vielleicht sollte er ein Heckerbild kaufen, wenn auch nur, um Tante Paula zu ärgern. Elegant schenkte sie ihm Kaffee in eine Tasse, die bereits auf dem kleinen Beistelltischchen gestanden hatte. »Bedienen Sie sich bitte mit Milch und Zucker.«

Er trank einen Schluck. Der Kaffee war noch besser als beim letzten Mal.

»Was führt sie zur North Side?«

»Nette Menschen wie Sie.«

»Sie Schmeichler. Nun?«

»Es ist die Arbeit am Fall.«

»Erklären Sie mir das?«

»Verflixt.«

»Sie haben sich versprochen?«

»Aber nein, ich bin … Detektiv.«

»Das wusste ich bereits.«

»Darf ich fragen, woher?«

»Von meinen Erkundigungen.«

»Aha. Sie sind mir nicht böse, Mrs Glück?«

»Nein, jeder Mensch hat doch seine Geheimnisse. Entscheidend ist, dass Sie etwas Gutes tun. Haben Sie den armen Paul ausfindig machen können?«

»Leider nein. Es bleibt ein Rätsel. Wie der gordische Knoten.«

»Mitten durchhauen demnach?«

»Wenn es nur so einfach wäre. Wissen Sie, wo Pauls Eltern leben?«

»In New York City. Hatte ich Ihnen das nicht gesagt?«

Nein, das hatte sie nicht. »Eventuell besitzen Sie die genaue Adresse.«

»Leider nicht. Mir ist aber eingefallen, was Pauls Vater beruflich macht.«

»Ja?«

»Er arbeitet bei der Immigrationsbehörde am Hafen, hilft irischen Einwanderern. Man glaubt nicht, wie viele schwarze Schafe es gibt, die in den USA Landsleute übers Ohr hauen.«

»Mrs Glück, darf ich unterbrechen?«

»Immer, ich sagte Ihnen bereits bei Ihrem ersten Besuch, dass wir Mannheimer klare Worte schätzen.«

»Ich bin derselben Ansicht wie Sie und habe bereits viele Erzählungen zu dem Thema gehört.«

»Mit anderen Worten, ich soll mein Quasselmaul halten, damit Sie an Ihrem Fall arbeiten können?«

»So hätte ich es niemals formuliert.«

»Es ist aber derselbe Inhalt. Nur keine Scheu, bin nicht so empfindlich, wie ich aussehe. Trinken Sie Ihren Kaffee, wenn Sie noch Zeit dazu haben, und wann immer Sie Fragen haben, besuchen Sie mich.« Das täte er lieber, als er zuzugeben bereit wäre, auch ohne Fall. Aber warum servierte sie ihm die Informationen in kleinen Häppchen und ermittelte über ihn?

»Wenngleich du der Sohn meines Bruders bisch, kann ich nicht folgen.«

Meyer hatte seinen Onkel in den Hof gebeten, um sich in Ruhe mit ihm zu unterhalten. »Was genau verstehst du nicht?«

»Ganz genau alles. Der Vermisste hat einen netten Brief aus New Jersey geschickt und Antz dich für deine Dienschte honoriert, oder?«

»Schöne Grüße an mich in dem Brief wären nett gewesen.«

»Man kann nicht alles haben, Mäxle.«

»Hab nur Spaß gemacht. Das Schreiben ist mir zu künstlich.«

»Du hasch den Burschen niemals getroffen.«

»Trotzdem, die Sätze klingen zu erwachsen.«

»Wer sollte interessiert sein, so einen Brief zu fälschen?«

»Derjenige, der Paul verschwinden ließ.«

»Wie kannsch du erfahren, ob der Brief echt isch?«

»Indem ich Mrs Walker anschreibe und ihr die Situation schildere. Ich werde fragen, ob sie in der letzten Zeit etwas von Paul hörte. Wenn er in Jersey wohnt, hat er als guter Sohn längst Kontakt aufgenommen.«

»Wie bekommsch du die Adresse der Walkers heraus?«

»Keine Sorge, ich weiß, wen ich fragen kann.«

»*Alla gut!* Halt, noch etwas. Denkt dieser Antz, dass der Brief echt isch?«

»Er scheint keinen Zweifel zu haben.«

»Max, ich freue mich stets, wenn du zu mir kommst«, dozierte Schmieder, während er feindliche Zeitungen sortierte. »Im ersten Moment schlägt mir das Herz höher und ich denke, hier steht mein Freund und Mitkämpfer aus guter, alter Zeit. Welche Pläne zu einer neuen Erhebung, hüben wie drüben, werden wir schmieden? Doch wieder dräut bitteres Erwachen.«

»Haben eure Exzellenz geendet?«

»Du bist hoffnungslos.«

»Ich benötige eine New Yorker Adresse.«

»Unzählige Menschen haben nichts Ruhmreicheres vor, als dir zu helfen.«

»Richard Walker, Pauls Vater, arbeitet bei der Immigrationsbehörde und ist für seine irischen Landsleute zuständig …«

»Wie darf ich meinen Auftrag angehen?«

»Die Sache ist verhältnismäßig eilig.«

»Es war nicht anders zu erwarten.«

»Könntest du deinen Kumpel in New York fragen?«

»Mein Kumpel, wie du ihn so graziös zu nennen geruhst, ist Mitstreiter für wichtige Ziele. Nicht irgendein Zechkumpan!«

»So wie ich also. Hast du neue Ausgaben deiner Zeitung?«

»Natürlich gibt es frische Exemplare. Sie erscheint ja regelmäßig!«

»Ich nehme 20 Stück.«

Wenn sich die Gelegenheit bot, würde er sich wieder zum Zeitungsjungen machen. Doch im Moment hatte er nicht die Muße, Schmieders Blatt anzupreisen. Seine Vierseiter bekamen einen Ehrenplatz im Kleiderschrank. Schmieder jammerte gerne, doch wenn es darauf ankam, konnte man sich auf ihn verlassen. Zwei Tage später besaß er die Walkersche Adresse. Meyer setzte einen kurzen Text auf:

»Sehr geehrte Walkers, bin ein Bekannter Ihres Sohnes – er ist vor einigen Wochen überraschend aus Chicago abgereist, ohne eine Nachricht zu hinterlassen – ich will Sie nicht beunruhigen

– aber wissen Sie zufällig, wo er sich aufhält? Hochachtungsvoll, Max Meyer.«

Zwei Tage später traf die Antwort ein:

»Sehr geehrter Herr Meyer, vielen Dank für Ihre Nachricht. Freuen uns, von einem Bekannten Pauls zu hören – gingen davon aus, dass er in Chicago weilt – sind nun beunruhigt – hoffentlich ist ihm nichts zugestoßen – helfen Sie uns bitte – hochachtungsvoll, Ihre Walkers.«

Wem auch immer er das Telegramm zeigen würde, von jedem bekäme er dieselbe Antwort: »Diese Suppe hast du dir selbst eingebrockt.« Was im Grunde stimmte. Mit einem großen Löffel würde er sie wieder auslöffeln, legte sich zwei Bogen Papier, Feder und Tinte zurecht und schilderte den Walkers in kompakter Form, was sich bei der Recherche ergeben hatte. Weder wollte er Walkers über Gebühr beunruhigen, noch seinem Klienten eine Blöße geben. Dass er kein Bekannter Pauls, sondern Detektiv war, erwähnte er auch im Brief nicht. Darauf erhielt er ein zweites Telegramm.

Mrs Walker schrieb:

»Komme in einer Woche mit dem Acht-Uhr-Zug in Chicago an – bitte besorgen Sie mir, wenn möglich, ein gutes Hotel – sehr verbunden – Ihre Sophia Walker.«

Was war ein gutes Hotel? Menschen hatten unterschiedliche Ansprüche. Manche liebten Komfort. Andere wollten lediglich mit Matratze und ohne Flöhe nächtigen. Er entschied sich für das Sherman House. Falls es Mrs Walker nicht behagte, konnte man immer noch umdisponieren.

Paula saß am Küchentisch und schrieb Zahlenkolonnen in ihr großes, schwarzes Haushaltsbuch. »Wie, die Kutsche? Ich führe kein Droschkenunternehmen.«

»Liebe Tante. Jetzt habe ich es dir dreimal erklärt. Meine Klientin reist heute Nachmittag aus New York City an. Sie soll die Stadt nicht sofort von ihrer schlechten Seite kennenlernen und im Matsch versinken.«

»Klientin! Ja, ja! Nimm mich ruhig auf den Arm. Nein; Fanny muss sich ausruhen!«

»Unsere Gute kann mehr, als du ihr zutraust.«

»Weil ich das Pferd pfleglich behandle und weiß, wann es Ruhezeiten benötigt.«

»Ja oder nein?«

»Ich benötige mehr Informationen.«

»Jesses!«

»Du sollst den Namen unseres Herrn nicht malträtieren! Wer ist die Dame?«

»Mrs Sophia Walker.«

»Paul Walkers Gattin?«

»Seine Mutter.«

»Ist Mrs Walker ebenfalls Kundin?«

»Klientin. Nicht wirklich. Sie kommt, weil sie wegen ihres Sohnes beunruhigt ist.«

»Mein Gott, die Ärmste!«, sagte Paula und legte sich die Hand auf den Mund.

»Nicht seinen Namen missbrauchen.«

»Schwätz nicht so dumm daher! Das hättest du auch gleich sagen können! Für christliche Taten ist Fanny jederzeit zu haben. Weiter so, mein Junge! Fräulein Agathe wird glücklich sein, das zu hören.«

Mrs Walker hatte sehr schnell geantwortet, war demnach eine besorgte Mutter. Warum hatte Paul sich aber seit Wochen nicht bei der Familie gemeldet? Es gab nur zwei Möglichkeiten. Entweder es war ihm etwas zugestoßen oder er wollte sich von den Eltern lösen. In seinem Alter wäre das nicht verwunderlich. Immerhin war er von der Ostküste in den Mittleren Westen gezogen.

Kapitel zehn: Abendessen bei Meyers

»Keine Widerrede! Dein Onkel begleitet dich!«, verkündete Paula vom Küchenstuhl aus. »Man weiß doch, dass sich lichtscheues Gesindel am liebsten in Bahnhofshallen herumdrückt. Wir wollen nicht mutwillig Unglück heraufbeschwören, kurz vor Pfingsten!«

»Das isch wahr!«

»Wenn die Dame aus New York anreist, müsste sie aber in der Union Station ankommen …«, setzte Paula im Verhörton nach.

»Oh, Jesses«, erwiderte Meyer.

»Wie bitte?«

»Vielleicht hat sie südlich von hier jemanden besucht«, lenkte Herbert ein.

»So ist es«, sagte Meyer, um das Palaver zu beenden. Er ging in sein Zimmer, holte Revolver und handgeschriebenes Schild. Als er wieder nach unten kam, wartete Herbert bereits mit Fanny auf ihn. Der Bahnhof war vier Blocks entfernt. Nach Dauerregen waren die Straßen eine schlierige Masse aus Matsch und Pferdekot, und im spärlichen Licht der Gaslaternen wäre Mrs Walker zu Fuß darin hängengeblieben. Selbst mit dem Wagen war es beschwerlich. Herbert hielt die Zügel lose, um Fanny möglichst viel Freiheit zu geben. Mit angelegten Ohren tastete sie sich langsam voran.

»Ich muss noch schnell zum Barbier«, sagte Herbert.

»Machst du Witze?«

»Hasch du dir in der letzten Zeit meinen Schnitt angesehen?«

»Um ehrlich zu sein, nein.«

»Meine Haare hängen in langen Zapfen vom Kopf.«

»Lass dich doch auch rasieren. Wenn du schon dabei bist.«

»Gute Idee.«

Meyer seufzte. »Okay, und wo?«

»Randolph Street, beim Bahnhof.«

»Beeile dich bitte.«

»Isch ja gut.« Herbert betrat den Barber Shop mit wohligem Gefühl. Hier waren Mannsleute unter sich und konnten ungestört über Politik, Boxkämpfe und Bier reden. Nur deswegen gab der ungekrönte Friseurkönig Chicagos Geld fürs Haareschneiden aus, anstatt es selbst zu machen.

Fanny drehte den Kopf zu Meyer. Dreck und Schlamm hielten sie nicht auf, aber plötzliche Pausen verwirrten sie. Er stieg von der Kutsche und tätschelte ihr den Kopf, was ihr sehr behagte. Der Illinois Central war ein Sackbahnhof und stand da, wo Chicago River in Lake Michigan mündete. Schiffe segelten in beiden Richtungen vorbei. Viele brachten ihre Fracht zur Zwischenlagerung in die vier Becken hinter dem Bahnhof. Den meisten Bürgern gefiel er und auch Meyer hatte nichts einzuwenden. An den Vorbau schloss sich die lange Bahnhofshalle mit neun Gleisen für den Personenverkehr an. Er setzte sich wieder auf den Kutschbock und beobachtete das Treiben um das Gebäude. Jedwede Spezies der Trickgauner tummelte sich hier, Taschendiebe vor allem, spezialisiert auf das Ausrauben von Fremden. Nicht besser waren die Runner. Auf vielen Hotels gab es Kuppeln, in denen Männer mit Teleskopen saßen, nach Schiffen und Zügen Ausschau haltend. Trafen neue Opfer ein, rannten ihre Kollegen los, daher der Name Runner. Genau genommen fuhren sie mit Kutschen, in die sie Ankommende drängten. In den Hotels zahlten die Betroffenen dann, ohne es zu wissen, überhöhte Preise. Scalper wiederum häuteten ihre Opfer nicht im wörtlichen Sinn, entkleideten sie aber des Geldes. Meistens waren es Droschkenkutscher, denen wegen Betrugs die Lizenz entzogen worden war. Sie gaben vor, für ein Hotel zu arbeiten und lenkten ihr Gefährt geradewegs zu Spielhöllen oder Bordellen. Oft wurden Greenhorns mit billigem Fusel betrunken gemacht und bis auf die Unterwäsche ausgeraubt. Genügend Gründe, um eine allein reisende Dame vom Bahnhof abzuholen. Er zückte seine Uhr, Viertel vor acht, und Herbert immer noch im Barber Shop! Badener erzählten Geschichten gerne in epischer Breite. Meyer schickte sich an, Fanny und die Kutsche unbeaufsichtigt zu lassen, als sein Onkel aus dem Geschäft trat. »Hasch du mich vermisst?«, fragte er lachend und fuhr sich mit der Hand über das frisch rasierte Gesicht.

»Es ist zehn vor acht.«

Herbert zückte die Taschenuhr mit badischer Zeit, rechnete um und nickte.

»Hasch ein bissl Recht, Neffe. Rutsch rüber, der Kutscher bringt uns zum Ziel.«

»Hört sich an, als ob wir meilenweit über die Prärie zu preschen hätten.«

»Wir wollen nicht zu spät kommen, oder? Alla hopp!« Am Bahnhof lenkte Herbert Fanny auf die andere Straßenseite und tippte sich an den Hut. »Ich warte hier. Hoffen wir, dass ihr Zug bei der Ankunft nicht ins Wasser fällt.«

»Mal den Teufel nicht an die Wand!«

»Tja, isch alles schon vorgekommen.«

»Bis gleich.«

»Moment noch, Mäxle. Was sagsch du zu meiner Frisur?«

»Wonderful! Nur den Schnurrbart solltest du dir stutzen lassen.«

»Hör mir uf!«

Meyer erkundigte sich bei einem Angestellten der privaten Bahnlinie nach dem Zug. »Wahrscheinlich auf Gleis drei«, sagte der Mann höflich.

»Ist mit Verspätung zu rechnen?«

»Wir hoffen nicht.«

Er kaufte die Illinois Staatszeitung und stellte sich in eine weniger belebte Ecke. Der Zug traf um halb neun ein. Zeit für das gemalte Schild: Max Meyer für New York City. Den Namen Walker hatte er mit Bedacht ausgelassen, um ihn nicht im Bahnhof publik zu machen. Die Lok stieß dampfende Wolken aus, die sich in kalter Luft zu dicken Spiralen formierten und bedächtig wieder auflösten. Auch abends reisten noch viele Menschen an. Er faltete die Zeitung zusammen und steckte sie in die Jackentasche. Eine Frau mit dunkelbraunem Kleid, wie er es in Chicago noch nicht gesehen hatte, fiel ihm auf. Er ging ihr entgegen und hob sein Schild in die Luft. Als Mrs Walker ihn sah, lächelte sie. »Max Meyer?«

»Yes, Mam. Willkommen in Chicago. Vor dem Bahnhof wartet eine Kutsche auf uns.«

Mrs Walker sah sehr gepflegt aus, hatte blonde Haare. Ihr Kleid war aus feiner Wolle geschneidert. Schuhe, von erfahrenem Handwerker gefertigt, und ein schwarzer Hut rundeten die Garderobe ab. Meyer nahm ihr die Reisetasche ab. »Hatten Sie eine angenehme Reise?«

»Vor allen Dingen war sie lang, Mister Meyer, mit unliebsamem Umsteigen. Wie ich sehe, gibt es hier deutschsprachige Zeitungen.«

Meyer schob die Staatszeitung in seine Jackentasche zurück. Eine gute Beobachterin war Mrs Walker also und pflegte auch das Vorurteil der New Yorker gegenüber vermeintlich einfachen Leuten im Westen. Er führte sie zur Kutsche. Herbert sprang vom Bock, als ob ihm jemand Dynamit unter die Füße geworfen hätte, ergriff Mrs Walkers Hand und deutete einen Kuss an. »Angenehm, Meyer. Bin der Onkel.«

Mrs Walker nickte.

Herbert half ihr nach oben. »Schönes Wetter haben Sie mitgebracht, Mrs Walker.«

»Finden Sie?«

»Wird schon werden. Chicago nennt man auch Queen of the Legs.«

»Lakes«, verbesserte Meyer.

»Wie meinen?«

»Queen of the Lakes. Königin der Seen, nicht der Beine.«

»Isch schon klar! Nun zählen wir schon 96.000 Einwohner, mit starkem Ausschlag nach oben.«

»Deine Rezitation unterbreche ich nur ungern«, log Meyer, »wir haben im Business District ein Zimmer für Sie reserviert, Mrs Walker. Das Sherman ist nur einen Katzensprung von unserem Haus entfernt.«

»Hätten Sie lieber bei uns gewohnt?«, fragte Herbert.

»Aber nein, ein Hotel ist schon in Ordnung.«

Gott sei Dank, dachte Meyer. Tante Paula würde früh genug bemerken, wie er die Frau anhimmelte.

»Unser schönes Sherman House wurde in den Jahren 1836 bis 1837 von F.C. Sherman, zweimal ehemaliger Bürgermeister, erbaut«, fuhr Onkel Herbert fort. Er war so sehr in seinen Vortrag vertieft, dass er die Kutsche zu spät bemerkte. Ein Scalper hatte es eilig und spritzte Straßenschlamm auf.

»Jesus, Maria«, rief Mrs Walker. »Verzeihen Sie den Fluch, Gentlemen. Ich bin ein gläubiger Mensch, aber das ging zu weit.«

»Ihr Fluchen erstaunt uns weniger als die Tatsache, dass Sie Deutsch sprechen«, beruhigte Meyer sie.

»Was sollte daran verwunderlich sein?«

»Haben Sie in New York deutsche Nachbarn?«

»Nein, aber ich wurde in Deutschland geboren und bin dort aufgewachsen.«

»Wirklich?«, fragte Herbert.

»Falls Sie ein Bekannter Pauls sind, müssten Sie das wissen, Mister Meyer ...?«

»Mir war nur bekannt, dass Paul Ire ist«, antwortete er ausweichend.

»Korrekt, sein Vater stammt aus Dublin. Ist es noch weit bis zum Hotel?«

»Nein«, antwortete Herbert und zeigte sein treuestes Gesicht. Niemand auf der Welt konnte vor ihm Angst haben. »Wir sind gleich da. Fühlen Sie sich nicht wohl?«

»Nein, ich bin nur müde.«

»Isch kein Wunder nach der langen Reise.« Herbert lenkte die Kutsche ohne weitere Zwischenfälle zum Sherman. Das mächtige Steingebäude stand auf quadratischem Grundriss. Jede Seite hatte vier Stockwerke mit 16 Fenstern. Doch die Dienstboten in ihren Dachkammern saßen im Dunkeln. Meyer half Mrs Walker auf den Bürgersteig und begleitete sie zur Rezeption. Zu Hause beantwortete er keine Fragen, Einwände oder Überlegungen Tante Paulas, ging auf sein Zimmer und machte sich Notizen. Mrs Walker stammte aus Deutschland! Ein Zufall? Im nächsten Gespräch musste er der besorgten Mutter beibringen, dass er kein

Bekannter Pauls war, obwohl es ihm fast so vorkam. Wenn sein Onkel ihn begleitete, würde es halb so schwer sein, und bestimmt wollte er weitere Juwelen der Stadtgeschichte präsentieren.

Herbert war hocherfreut, dass man ihn aufforderte, sich anzuschließen. Paula schöpfte Verdacht, denn ihr Mann war am Abend zuvor allzu guter Laune gewesen. Irgendetwas war nicht im Lot. »Darf ich annehmen, dass es nicht lange dauern wird?«

»Aber nein«, sagte Herbert.

»Es ist nur, weil ich am Nachmittag Einkäufe zu tätigen habe und während meiner Abwesenheit sollte jemand das Geschäft hüten.«

»Oh-kä.«

Auf dem Weg zum Sherman House sagte Herbert zu seinem Neffen: »Max, wenn ich dir einen guten Rat geben darf, warte recht lange!«

»Womit denn, bitte?«

»Heirat.«

Mrs Walker frühstückte noch und winkte ihre Besucher dezent zu sich.

»Sollen wir später wiederkommen?«, fragte Herbert, ehrerbietig seinen Hut ziehend.

»Nein, ich bestelle frischen Kaffee für uns. Sie trinken doch eine Tasse mit?«

Herbert öffnete den Mund, aber Meyer war schneller: »Mit dem größten Vergnügen. Haben Sie gut geschlafen?«

Mrs Walker nickte. »Sie sehen aus, als ob Sie etwas auf dem Herzen haben, Mister Meyer …«

»Paul ist kein Bekannter von mir. Um ehrlich zu sein, habe ich ihn noch nie gesehen.«

Herbert warf ihm einen tadelnden Blick zu. Mit der Tür ins Haus zu fallen!

»Wie … ich verstehe nicht.« Mrs Walker fasste sich an die Stirn und die Farbe ihres Gesichtes wechselte von zartem Rosa zu grellem Weiß.

»Pauls Arbeitgeber beauftragte mich, ihn zu suchen.«

»Sie haben mich angelogen!«

»Mrs Walker, ich führe nichts Böses im Schilde. Doch wenn ich Ihnen das geschrieben hätte …«

»Glauben Sie, dass ich Ihnen jetzt wohl gesonnen bin?«

»Kann mir gut vorstellen, wie Sie sich fühlen.«

»Das wage ich zu bezweifeln, Mister Meyer. Solange Sie kinderlos sind, können Sie es nicht nachempfinden. War denn wenigstens ein Fünkchen Wahrheit in Ihrer Nachricht?«

»Alles, was ich Ihnen sonst noch mitteilte. Paul ist seit einigen Wochen verschwunden und …«

»Sie schrieben, er habe Chicago verlassen!«

»So ist anzunehmen.«

»Wo arbeitete Paul?«

»In einer Brauerei. Wussten Sie das nicht?«

»Meiner Kenntnis nach war er im Büro einer Import-Export-Firma beschäftigt.«

»Wie konntesch du ihr das beim ersten Treffen ins Gesicht schleudern!«, sagte Herbert beim Abendessen. »Mrs Walker isch eine feine Dame.«

»So, hab ich's doch gewusst!«, rief Paula und schwang den Schöpflöffel wie antike Germanen ihren Morgenstern.

Herbert sah flehend zu seinem Neffen.

»Ich hatte meine Gründe«, antwortete Meyer.

»Unerhört, dass …« Paula kam nicht dazu, den Satz zu beenden. Jemand klopfte an die Tür, der Lautstärke nach ein Mann, und sie war froh, zwei Männer im Haus zu haben. »Um diese Uhrzeit! Kurz vor den Feiertagen!« Herbert holte das Gewehr aus dem Schrank, lud durch und nickte Ritter Egon zu. Er öffnete nur einen kleinen Spalt. Mrs Walker! Er strich sich das Haar glatt und zog die schwere Holztür auf.

Mrs Walker schreckte zurück. »Mister Meyer, wollen Sie mich erschießen?«

»Gott bewahre! Tschuldigung, treten Sie doch bitte ein.«

»Dankeschön, sehr nett von Ihnen.«

»Waren Sie alleine unterwegs? In der Dunkelheit?«
»Nur das kurze Stück vom Hotel.«
»Sehr leichtsinnig.«
»Vergessen Sie nicht, dass ich in New York City lebe.«
»Neu York. Das isch ein raues Pflaschter!«
»Störe ich Sie und Ihre Familie?«
»Wir sind beim Abendbrot«, antwortete Herbert, ohne zu überlegen.
»Verzeihung, dann komme ich besser später wieder.«
»Nein, aber nein doch. Haben Sie schon gegessen?«
»Es war noch keine Zeit dafür, aber ...«
»Dann speisen Sie mit uns. An Werktagen sitzen wir meischtens in der Küche. Ich hoffe, das macht Ihnen nichts aus.«
»Herbert, lebst du noch?«, rief Paula aus der Küche.
»Ja! Freilich!«
»Stellst du uns deinen Besuch vor oder müssen wir raten?«
»Meine Frau«, sagte Herbert entschuldigend und führte Mrs Walker in die Küche. Paula wartete mit gespielter Geduld, bis man bekannt gemacht wurde.
»Hier isch Mrs Walker, die Mutter des vermissten Jungen«, sagte Herbert, um seine bessere Hälfte gnädig zu stimmen.
»Nehmen Sie doch bitte Platz, Mrs Walker. Sie speisen natürlich mit uns.«
»Machen Sie sich keine Umstände.«
»Wir haben nichts Besonderes, nur Schweinsohren mit Grünkraut.«
»Wenn es nur Gemüse sein dürfte.«
»Sie ernähren sich fleischlos?«
»Nein, mir ist aber etwas flau im Magen.«
»Sie Ärmste«, sagte Paula und legte eine großzügige Portion verkochtes Grünkraut auf ihren Teller. »Ihr beiden, steht nicht wie Ölgötzen rum!«
»Erscht wenn die Damen Platz genommen haben.«
»Mrs Walker sitzt schon und wegen mir muss niemand Umstände machen.«

»Mister Meyer, ich entschuldige mich für das gestrige Verhalten. Meine Nerven sind im Moment sehr angespannt.«

»Wer würde das nicht verstehen!«, sagte Tante Paula mit Exorzismusblick zu ihrem Neffen.

»Mrs Walker, ist Ihnen bekannt, warum Paul nach Chicago kam?«

»Er ist ein braver Junge und guter Christ. Wenn er etwas verschweigt, dann nur, um mich zu schonen!«

»Quäle die arme Mrs Walker nicht, wo sie solchen Kummer hat!«

»Könnte es sein, dass Ihr Sohn in geheimer Mission hier war?«

»Sie meinen vom Militär?«

»Eher weniger.«

»Doch nicht als Spion?«

»Auch nicht.«

»Das reicht jetzt!«, entschied Paula. »Ihr Mannsleute verlasst auf der Stelle den Raum!«

»Ja, aber ...«

»Kein Widerspruch. Geht einfach!«

Sie trotteten mit schuldbewussten Gesichtern aus der Küche. Nicht einen Moment zu spät, denn Mrs Walker begann zu schluchzen. »Wenn Sie Ihren Kummer mit mir teilen möchten, stehe ich als guter Christenmensch zur Seite«, sagte Paula und legte ihr den Arm auf die Schulter.

Tante Paula hatte Mrs Walker für den nächsten Tag erneut zum Abendessen eingeladen. Onkel und Neffe sahen sich an und dachten das Gleiche: Die arme Frau muss eine weitere Magenverstümmelung erdulden. »Damit es keine Missverständnisse gibt. Ihr behelligt mir die gramgebeugte Mutter nicht wieder mit euren absonderlichen Fragen. Außerdem holt ihr Mrs Walker in ihrem Hotel ab. Besser noch, Maximilian, du gehst alleine. Herbert, bleibe hier und schäle Kartoffeln.«

»Was gibt es denn zu essen?«

»Koteletts, Rotkraut und Kartoffelbrei.«

»Wirklich?«

»Frag nicht so töricht!«

Kurz vor sieben ging Meyer los, um Mrs Walker abzuholen. Sie wartete bereits im Foyer auf ihn.

»Sehr pünktlich.«

»Eine Tugend, die Deutsche nur schwer ablegen können. Mrs Walker ...«

»Ihre Tante erzählte mir, dass Sie Paul wirklich helfen wollen.«

»So ist es.«

»Wir haben noch etwas Zeit vor dem Dinner, nicht wahr. Wollen Sie Ihre weiteren Fragen stellen?«

»Ja, mich interessiert, wie sich Paul von Ihnen verabschiedete.«

»Leider verstehe ich nicht, was Sie meinen.«

»Erzählte er Ihnen, dass er länger wegbleiben möchte?«

»Pauls Abreise kam für uns überraschend, denn er hatte eine gute Position als Angestellter bei der Immigrationsbehörde in New York.«

»Wo auch ihr Gatte arbeitet?«

»So ist es. Eines Tages teilte Paul uns beim Abendessen mit, dass er nach Chicago gehen wolle, meinte, wir sollen uns keine Sorgen machen. Wenn er will, kann er schweigen wie ein Grab. Bereits als Kind war er so. Das ist alles meine Schuld.«

»Grämen Sie sich nicht. Wir finden ihn schon.«

»Glauben Sie wirklich?«

»Ja«, erwiderte Meyer. Doch seine Intuition sagte ihm, dass es Paul Walker vermutlich nicht gut ging. »Ich habe mit Reverend Kelly gesprochen.«

»Wer ist das?«

»Der Geistliche der Kirche, die Paul in Chicago besuchte. Er erzählte mir, dass Ihr Sohn in Erwägung zog, nach New Jersey zu gehen. Zu einer Kolonie für Menschen, die sich den Alkohol abgewöhnen wollen.«

»Stimmt, Paul sprach davon, im Temperenzbereich zu wirken. Nicht fanatisch, wie manche Amerikaner das betreiben, mehr als gute Tat, wenn Sie verstehen, was ich meine. Nun hätte er das aber genauso gut bei uns in New York machen können. Nein, ich verstehe nicht, warum er hierher kam, nur um dann an die Ostküste zurückzukehren. Er schrieb, dass es ihm gut gehe und er Arbeit in einem Import-Export-Geschäft suche.«

»Der Brauerei-Vorarbeiter hat mir gesagt, dass er Paul für zu zierlich hält, um dort zu schuften.«

»Unser Paul ist mehr der vergeistigte Mensch. Er schrieb, dass Kollegen und Chef sehr nett seien. So, wie ich es verstand, führten sie viele gute Gespräche miteinander.«

Meyer sah auf die Uhr.

»Sind wir in Eile?«

»Not really. Es ist nur, dass Tante Paula uns etwas Schönes kochen möchte.«

»Schweinsohren …?«, fragte Mrs Walker.

Meyer lachte. »Keine Sorge. Zu Ihren Ehren gibt es ein Festessen.«

»Wenn sich Ihre Frau Tante bloß keine Arbeit macht.«

Er winkte ab.

»Wie geht es jetzt weiter, Mister Meyer?«

»Sehr gute Frage. Da ich nicht mehr für Pauls Boss arbeite …«

»Falls ich sie bezahlen soll …«

»Nein, nein. Es ist nur so, dass Klienten, die mich beauftragen, zu Recht Diskretion erwarten. Nichts von dem, was mir Mister Antz erzählte, kann ich preisgeben. Es sei denn …«

»Ja?«

»Lassen Sie uns essen gehen. Bis morgen fällt mir etwas ein. Versprochen.«

»Danke. Ich wusste gleich, dass man sich auf Sie verlassen kann, Mister Meyer.«

Herbert legte großen Wert darauf, Mrs Walker nach dem Dinner in ihr Hotel zu eskortieren. Seinem müden Neffen konnte er es nicht zumuten. Meyer zog sich auf sein Zimmer zurück und setzte sich an den Schreibtisch. Liegen wäre für seinen schmerzenden Rücken angenehmer gewesen. Doch er fürchtete einzuschlafen. Was hatte Mrs Walker tags zuvor dem Tantchen erzählt? Bislang hüllten sich beide in Schweigen.

Kapitel elf: Carl Antz macht, was er kann

Mrs Walker bestand darauf, Meyers zur Brauerei zu begleiten. »Ich habe eine Frage«, sagte sie bereits nach einem Block. »Warum stehen die Häuser hier auf unterschiedlicher Höhe?«

Herbert wackelte mit dem Kopf und fand sich in der Rolle des Stadtführers ein. »Kanalisation«, dozierte er, als ob es seine Idee gewesen wäre. »Unser Chicago ist dicht auf seichtem, sumpfigen Boden erbaut. Wir müssen Höhe gewinnen, um Rohre verlegen zu können. Manche Eigentümer haben das Geld zum Anheben ihres Hauses aber nicht oder wollen keines ausgeben.«

»Ich verstehe. In der Nacht ist es sicher ein waghalsiges Unternehmen, die vielen Treppchen und Leitern zu erklimmen. Kommt es oft zu Unfällen?«

»Mitunter schon«, erwiderte Meyer und merkte, was er gesagt hatte, als sein Onkel ihm auf die Zehen trat! »Aber bei weitem nicht so häufig, wie man vermuten würde.«

»Junge Menschen mit gesunden Augen können im Schein unserer hervorragenden Gasbeleuchtung alles gut erkennen. Isch es nicht so, Mäxle?«

Meyer nickte eifrig.

»Gefällt Ihnen unsere Stadt?«, fragte Herbert.

»Sie ist … anders als New York.«

»Vor allen Dingen wesentlich kleiner«, erwiderte Meyer.

Mrs Walker lachte. »So meinte ich es nicht. Man sieht nur, dass es eine sehr junge Stadt ist.«

Herbert nickte triumphierend. »Genau das stelle ich auch immer wieder fescht, und wir werden es noch zu viel Größerem bringen!«

»Mein Onkel ist ein Aborigine.«

»Aborigine?«

»Ureinwohner. Er und meine Tante haben die Stadt fast alleine aufgebaut«, sagte Meyer grinsend.

»Bin stolz darauf«, sagte Herbert und tippte sich an den Hut.

Mrs Walker drückte sich ihr Taschentuch auf die Nase.

»Was so müffelt, ist der River, in den nicht nur Abfälle, sondern leider auch die Kanalisation geleitet werden. Wir haben es gleich hinter uns.«

»Mister Meyer, denken Sie, dieser Brauereibesitzer lässt mit sich reden?«

»Ich hoffe es.«

Die Tür zu Antz' Büro stand offen. Er winkte sie zu sich. »Wie ich sehe, haben Sie Ihre Familie mitgebracht, Meyer? Nehmen Sie bitte Platz. Glücklicherweise habe ich gerade Zeit.«

Die Meyers warteten, bis Mrs Walker sich gesetzt hatte.

»Vielen Dank für den Empfang, Mister Antz. Meine Begleiter sind Onkel Herbert und Mrs Walker.«

»Mrs Walker aus New York City?«

»So ist es.«

Für einen Moment lag Schweigen im Raum.

»Die Mutter von Paul? Wie geht es dem Jungen? Machen Sie Urlaub in Chicago?«

»Mrs Walker hilft uns, Paul zu suchen.«

»Aber ich erhielt doch einen Brief von Paul. Er hält sich an der Ostküste auf. Es geht ihm gut, hieß es.« Antz lächelte verbindlich. »Nun?«

»Haben Sie Pauls Nachricht noch?«

Ohne ein Wort zu erwidern, zog Antz den Brief aus der Schublade und legte ihn auf den Schreibtisch. Mrs Walker betrachtete die Zeilen und schüttelte den Kopf. »Dieser Brief stammt nicht von meinem Sohn.«

»Machen Sie keine Späße! Wer sollte ein Interesse daran haben, ihn zu fälschen?«

Max Meyer hätte erwidern können, derjenige, der ihn um die Ecke brachte. Doch wollte er den Schmerz einer gramgebeugten Mutter nicht vergrößern.

»Wo wurde der Brief aufgegeben?«

»New Jersey. So steht es im Briefkopf.«

»Haben Sie weitere Schreiben Pauls erhalten?«

»Nein, falls aber welche eintreffen, leite ich unverzüglich Abschriften an Sie weiter.«

»Können wir den Brief mitnehmen?«

»Wozu denn das?«

»Für weitere Anhaltspunkte.«

»Schön, nehmen Sie ihn ruhig an sich und halten Sie mich bitte auf dem Laufenden. Der Junge liegt mir am Herzen.«

Mrs Walker drückte Meyers Arm. Er sah ihr in die Augen und wusste, dass sie gehen wollte.

»Wenn ich nicht selbst dabei gewesen wäre, würde ich es nicht glauben! Was denkt dieser *Teig-Aff* sich? Uns so rüpelhaft zu verabschieden!«

»Lass es gut sein, Onkel.«

»Möchten Sie in Ihr Hotel zurück, Mrs Walker?« Meyer bot ihr den Arm an und sie hakte sich dankbar ein. Der Weg zum Sherman House verlief wortlos.

»Sollen wir darüber sprechen, Mäxle?«, fragte Herbert zu Hause.

Meyer nickte. »Lass uns in den Stall gehen. Im Moment kann ich keine Bibelweisheiten ertragen.« Fanny schaute die beiden treu an. »Ich fasse zusammen: Paul besitzt einen ausgeprägten Willen. Obwohl er seine Eltern liebt, gab es immer wieder Phasen, in denen er sich zurückzog. In Chicago übte er einen ihm fremden Beruf aus. Das setzt Entscheidungsfreude voraus.«

»Proteschtanten sind raschtlos tätig! Wie oft wünsche ich mir, deine Tante wäre Katholikin und würde irgendwann die Hände in den Schoß legen. Manchmal arbeitet sie sogar im Schlaf und addiert weiter.«

»Gehen wir vom Schlimmsten aus: Paul Walker lebt nicht mehr.«

»Um Gottes willen! Sag das bloß nicht im Beisein der armen Mrs Walker.«

»Oder in Gegenwart Tante Paulas. Können wir uns wieder konzentrieren?«

»Hajo, selbschtverständlich!«

»Wer könnte ihn umgebracht haben?«

Onkel Herbert machte ein ratloses Gesicht. »Dieser Vermieter isch ziemlich verschlagen.«

»Motiv?«

»Habsucht!«

»Paul, einfacher Arbeiter, hätte größere Geldbeträge zur Bank gebracht und nicht in seinem Zimmer liegen lassen. Nein, mit dem Jungen als Mieter wäre er besser dran. Reverend Kelly können wir ebenfalls ausklammern.«

»Antz und sein Vorarbeiter. Feldmann.«

»Motiv?«

»Unkontrollierte Rage. Man muss ihn nur anpiksen und schon dreht er durch. Sollten wir nicht besser zur Polizei gehen?«

»Um was zu berichten? Wir haben weder Leiche noch Beweise.«

»Pauls Brief?«

»Ist zweifelsohne gefälscht. Fragt sich nur, wer ihn anfertigen ließ, und welche Person in Walkers näherem Umkreis die Mittel hat, solch einen Auftrag ausführen zu lassen.«

»Doch warum hätte Antz als Täter dich überhaupt beauftragten sollen? Ziemlich dumm für jemanden, der einen Mord vertuschen möchte!«

»Darüber könnte ich nur spekulieren.«

»Wilsch du nachforschen, wer den Brief gefälscht hat? Oder der arme Junge wurde von Strauchdieben umgelegt. Dich haben sie ja kürzlich auch aufs Kreuz gelegt.«

In den nächsten Tagen nutzte Meyer alle Kontakte, die er in der Stadt besaß. Wer der Fälscher war, konnte nicht in Erfahrung gebracht werden. Selbst ein Ganove an der Ostküste kam in Frage. Mrs Walker war die Unruhe anzumerken. Er musste dringend zu einem Ergebnis kommen, wie auch immer es ausfiel. In der Erzählung »Der stibitzte Brief« von Poe lenkte der

Täter durch Zerstreuungsaktionen den Verdacht immer wieder von sich. Bis Monsieur Dupin, der kluge Detektiv, seinen Trick auf ihn selbst anwandte.

»So, und heute, Mister Meyer?«, fragte Antz.

»Ich möchte mich bei Ihnen entschuldigen. In aller Form. Klienten haben mehr Respekt verdient.«

»Nicht der Rede wert«, antwortete Antz und spielte mit einer Schreibfeder.

»Für einige Zeit befürchtete ich in der Tat, Paul könnte etwas zugestoßen sein.«

»Wir alle dachten das.«

»Sie verstehen mich nicht, ich rede von Mord!«

Antz erhob sich. »Nun geht Ihre Phantasie mit Ihnen durch, Mister Meyer. Erlauben Sie mir, Ihnen einen Bonus zu überreichen.«

»Nein, danke. Der wäre allenfalls angebracht, wenn ich den Fall sehr schnell gelöst hätte.«

Es lief wie geplant: Antz, verärgert und verwirrt, würde als Täter früher oder später unvorsichtig handeln. Nun galt es, ihn ohne Pause zu überwachen. Er selbst schied aus. Onkel Herbert ebenfalls. Blieben drei weitere Personen: Peddler Neil, der Lehrer und Freund Schmieder. Mit dem schwierigsten Fall würde er beginnen. Dazu musste er sich lediglich an die nächste Straßenkreuzung begeben. »Maximilian Meyer, vermittelte ich dir das Bild, über endlos freie Zeit zu verfügen? Mein Kampf für die gerechte Sache und der unerquickliche Erwerb von Wasser und Brot fordern mich ausreichend!«

»Hut ab vor meinem guten Freund«, antwortete Meyer.

»Wie bitte?«

»Freunden Armer und Entrechteter zolle ich gebührenden Respekt, und sind wir uns nicht so unähnlich, wie es den Anschein hat.«

»Rede weiter«, sagte Schmieder interessiert.

»Auch ich kämpfe für die weniger Betuchten der Welt. Gegenwärtig suche ich den Sohn einer verzweifelten Frau, die, zerrüttet vom Kummer, aus New York City anreiste, um mich zu unterstützen.«

»Mein Gott! Es wird doch nicht die Dame sein, deren Adresse ich ausfindig machte?«

»Eben diese. Mrs Walker von der Ostküste.«

»Was ist dem Jungen geschehen?«

»Schlimmes, Kamerad Schmieder.«

»In diesem Fall bin ich bereit, eine Ausnahme zu machen. Was kann ich tun?«, fragte er und breitete die Arme aus wie ein Albatros seine Flügel vor dem Klippenstart. »Wusste ich doch, dass der ruchlose Ausbeuter dahintersteckt. Menschenschinder sind alle gleich!«

Paula und Herbert machten mit Mrs Walker einen Prärieausflug, um die »arme Frau« abzulenken. Fanny freute sich über die unverhoffte Bewegung und Meyer über Stille im Haus. Mister Poe leistete ihm mit seinem »Sturz in den Maelstrom« Gesellschaft. Obwohl die Erzählung ausgezeichnet war, schlief er ein. Die knallende Haustür schreckte ihn auf. »Maximilian! Raus aus den Federn!« Er richtete sich halb dösend auf. Wer war die kleine, erzürnte, auf den Hacken wippende Person? »In zehn Minuten serviere ich das Essen. Wasch dir die Hände und begib dich nach unten!« An eine Fortsetzung des Nickerchens war nicht zu denken. Er konnte ebenso gut aufstehen und ein weiteres Dinner à la Paula zu sich nehmen. Das Liegen hatte seinem Rücken gutgetan. Seine Verwandten saßen bereits am Tisch. »Was speisen wir?«

»Hühnersuppe mit Knöchelchen.«

Eines ihrer schlimmsten Gerichte: schmierige Wassersuppe mit kleinen Knochen. Letzte Hoffnung: »Beilage?«

»Roggenbrot! Warum fragst du das immer?«

»Ist eine Berufskrankheit. Wie war eure Exkursion?«

»Wunderbar«, antwortete Herbert.

»Ich hoffe und bete, dass deine detektivischen Fähigkeiten ausreichen, den Jungen zu finden!«, sagte Paula.

»Wie fühlt Mrs Walker sich?«

»Gar nicht gut, Mäxle, sie hat immer wieder in ihr Taschentuch geheult.«

»Doch der Ausflug gefiel ihr«, fügte Paula ärgerlich hinzu, weil ihre Zeit nicht zu verschwenden war. »Sie möchte abreisen. Hast du etwas in Erfahrung gebracht?«

»Meine Ermittlungen laufen. Während wir *speaken*, sind mehrere Mitarbeiter im Einsatz.«

Weder Neil noch Schmieder konnten Hinweise liefern. Blieb noch der Lehrer. Unmittelbar nach dem Frühstück machte Meyer sich auf den Weg zum Fluss. Sein Informant war nirgends zu sehen.

»Suchen Sie mich, Herr Detektiv?«

Meyer zuckte zusammen. »Sie sollten als Gespenst auftreten.«

»Danke, nein. Neugierig, was ich gesehen habe?«

»Schießen Sie los.«

»Ihnen ist bekannt, was ich von unseren Gesetzeshütern halte? Typen, die mich schikanieren, können mir gestohlen bleiben. Nichts von dem, was ich sah, werde ich der Polizei mitteilen.«

»Freut mich zu hören.«

»Ihr Herr Antz ist gestern Nacht aufgetaucht.«

»Sind Sie sicher, dass er es war?«

»Gut verkleidet, aber eindeutig er. Spät kam er, doch er kam.«

Meyer kam sich vor wie beim Deutschunterricht.

»Zunächst war ich mir nicht sicher, ob er mich bemerkt hatte.«

»Oh nein.«

»Ruhe bitte. Sonst erzähle ich nicht weiter.«

Meyer nickte schuldbewusst.

»Antz ging schnell und zielstrebig am Ufer entlang und ich nahm die Verfolgung auf. Außerordentlich misstrauisch war er und drehte sich immer wieder um.«

»Bemerkte der Mann Sie oder nicht?«

»So einfach lässt sich das nicht erläutern. Einen Moment Geduld! Immer, wenn ich mich sicher fühlte, zuckte er wieder zurück. Nichtsdestotrotz kann ich Ihnen die Stelle zeigen.«

»Wirklich?«

»Vielleicht nicht genau die Stelle, aber den Abschnitt am Fluss.«

»Keine guten Nachrichten!«, sagte Herbert. »Du bisch sicher, dass der Mann alles richtig beobachtet hat?«

»Ich habe mich davon überzeugt.«

»An deiner Stelle würde ich zur Polizei gehen. Es scheint mir das einzig Sinnvolle zu sein.«

»Du meinst, wenn ich beim nächsten Revier vorbeischaue, habe ich nichts zu befürchten?«

»So einfach wird es nicht werden. Jedoch sind deine Chancen besser, wie wenn du schweigsch.«

Kapitel zwölf: Im Court House

»Affig finde ich es, dass du dich weigersch, das Rathaus zu betreten, Neffe.«

»Das habe ich nicht gesagt.«

»Also können wir gehen?«

»Von mir aus!«

»Alla hopp! In die Jacke gesprungen, den Hut aufgesetzt und los geht's!«

Meyer rührte sich nicht. Seine Arme ruhten schwer auf den Lehnen des Sessels.

Herbert sah aus dem Fenster. »Mir gefällt das Gebäude.«

»Weniger Enthusiasmus, bitte. Es ist und bleibt eine Horrorburg.«

»Muss deiner Tante noch sagen, dass wir außerhäusig sind.«

Amtspersonen konnte Meyer seit der missglückten badischen Revolution nicht ausstehen. Es war nicht so, dass er sie zuvor gemocht hätte. Doch wenn man seine Heimat gezwungenermaßen verlässt, verstärken sich Vorlieben und Abneigungen. Sein Wunsch nach Dampfnudeln wurde zuzeiten übermächtig. Rund sind sie und einen halben Finger hoch, bestehen nicht aus Dampf allein. Mehl, Milch, Hefe und Butter gehören auch dazu. Geht der Dampf in betörenden Duft über und schreit die Dampfnudel, kann der Deckel gehoben werden. »Was, schon wieder!«, hörte er Paula im Erdgeschoss rufen. Vielleicht wäre es besser bald auszuziehen. Was ihn zurückhielt, war die Kanonade von Rechtfertigungen, die er aufbringen müsste. Denn entgegen aller Spötteleien, wäre sie sehr traurig. »Willst du heiraten? Nein? Dann warte! Geld zu verschleudern ist Sünde!« Er zog seine Stiefel an, setzte den Hut auf den Kopf und ging nach unten.

»Heimatland! Du willst doch nicht in dieser Aufmachung das Rathaus betreten?«

»Genau das habe ich vor, liebe Tante Paula.«

Herbert eilte aus dem Haus und Meyer folgte ihm.

»Gut *gefenzt*, das Grundstück. Auch die Bäume und das Teichle mit dem Springbrunnen, sehr schön.«

»Betrachte bitte die Gebäudeproportionen, Onkel Herbert! Der Eingang ist zwei Meter breit und zehn Meter hoch!«

»Du kannsch nicht alles haben.«

John Ross, gut genährter Officer in Charge, musterte die Eindringlinge müden Auges. Er hatte dünnes Haar und mitten im Gesicht saß ein kleiner Kürbis. Meyer und Herbert warteten vor seinem Schreibtisch, denn Ross bat sie nicht, Platz zu nehmen. »Schildern Sie mir das Problem in weniger Worten«, sagte er und stärkte sich mit einem Schluck Kaffee.

»Jesus und Maria!«, erwiderte Meyer. »Wie oft denn noch?«

»Officer, Sie müssen meinen Neffen entschuldigen. Er hat in der letzten Zeit eine Menge um die Ohren.«

Ross machte dicke Backen und blies Luft aus. »Geht mir auch so! Wie war der Name?«

»Meyer, Max Meyer. Der Herr neben mir ist Herbert Meyer.«

»Sind Sie verwandt?«

»Er ist mein Onkel.«

»Sie sind sein Neffe?«

»Jawohl, und am Chicago River liegt immer noch dieselbe Leiche.«

»Wer sollte das sein?«

»Paul Walker.«

»Stammt er aus Chicago?«

»Nein, New York City.«

»Ginge es nach mir, würden diese arroganten Ostküstler gar nicht reingelassen werden.«

»Werden Sie sich der Sache annehmen oder nicht?«

»Der Mann ist wirklich tot?«

»Ja!«

»Ihr Beruf?«

»Privater Ermittler.«

»Auch das noch! Woher soll ich wissen, dass Sie den Mann nicht selbst um die Ecke gebracht haben?«

»Glauben Sie ernsthaft, dass ich so dumm wäre, den Mord zu melden und Sie anschließend zum Tatort zu führen?«

»Man hat schon doofere Verbrecher gesehen!«

»Ich habe eine Idee«, sagte Herbert. »Wieso bilden Sie sich nicht selbscht ein Urteil?«

»Meine Sache!«

»Niemand widerspricht Ihnen.«

»Mit euch Privaten gibt es nur Ärger!«

»Nun?«, fragte Herbert.

Ross griff wieder zum Kaffeebecher. »Darüber muss ich nachdenken.«

»Sollen wir Sie dabei alleine lassen?«

»Nein, ihr könnt bleiben.«

Meyer rollte mit den Augen und sein Onkel drückte ihm den Arm.

»Also gut«, verkündete Ross, »wir gehen.«

»Sehr schön«, sagte Herbert.

Ross hob die Hände in die Luft, als ob man ihm ein unmoralisches Angebot gemacht hätte. »Heute auf keinen Fall und morgen nicht gleich.«

»Sackzement!«

Herbert zog Max am Jackenzipfel ins Freie. »Was denksch du dir denn, so einen Aufstand zu machen?«

»Der Kerl ist untragbar. Wir sollten uns beim Bürgermeister beschweren.«

»Vielleicht erschnuppert Herr Ross den Fall alleine. Als Nasen verteilt wurden, hat er zweimal ›hier‹ gerufen. Hoho!«

Am dritten Tag nach dem Besuch im Polizeirevier klopfte jemand vormittags an der Haustür. Tante Paula öffnete und rannte die Treppe hoch. »Maximilian, unten wartet ein blau uniformierter Polizist auf dich! Was hast du ausgefressen?!«

»Mach dir keine Sorgen.«

»Neffe, unsere Gesetzeshüter darfst du nicht warten lassen.«

Auf dem Weg zu den Docks hielt Ross zweimal an, um sich mit Proviant und der Chicago Times einzudecken. »Man kann nie wissen«, sagte er und biss genüsslich in sein Käsesandwich.

Meyer fragte sich, was er damit meinte. Hatte er Angst, unterwegs zu verhungern? Die große Nase umging er bei jedem Bissen mit beachtlicher Eleganz und nach dem Snack schnippte er die Krümel von seiner schönen, blauen Uniform. »Wo soll diese Leiche Ihrer Meinung nach begraben sein?«

»Am Ufer des Chicago River. Paul Walker wurde nicht begraben, sondern verscharrt.«

»Sie wissen eine Menge über die Sache ...«

»Ihnen ist bekannt, warum das so ist!«

»So halbwegs.«

Meyer schwieg, bis sie den Platz erreicht hatten.

»Also, wo ist es?«, fragte Ross widerwillig.

»Da unten«, erwiderte er und zeigte auf die entsprechende Stelle.

»Haben Sie eine Schaufel bei sich?«

»Sehe ich so aus?«

»No. Deshalb frage ich ja. Ohne Werkzeug können wir nichts machen. Mir ist schleierhaft, warum Sie das vergaßen. Heute können wir die Sache kaum abschließen. Außerdem brauchen wir Hilfe beim Schaufeln. Leute wie Sie machen sich ja nicht die Finger schmutzig!«

»Sie sind der Größte«, antwortete Meyer.

Ross wollte auf schnellstem Weg zur Behaglichkeit seines Reviers zurück, mit ewig sprudelnder Kaffeequelle.

»Sehr unüblich, Privatpersonen über laufende Ermittlungen zu informieren.« Sie hatten doch erst am Tag zuvor gesprochen! Inspector Ross spielte mit einem Ohrläppchen und sah Meyer vorwurfsvoll an.

Meyer hatte nicht vor, auf den Wink einzugehen. Sollte die Polizei bestechen, wer wollte. »Wir kommen nicht ins Geschäft.«

»Sie gehen jetzt besser nach Hause, Mister Meyer.«

»Andererseits muss es nicht immer Geld sein.«

»Wer hat davon gesprochen!«

»Eine schnelle Aufklärung des Falles dürfte in Ihrem Interesse liegen, denn gemeine Artikel über die Polizei liest man jeden Tag in der Zeitung.«

»Drohen Sie mir?«

»Haben Sie jemanden, der die Leiche identifiziert?«

»Noch nicht. Aber ich warne Sie. Wer der Polizei Informationen vorenthält, hat nichts zu lachen.«

»Jaja! Wurde Mister Antz schon befragt?«

»Blödsinn! Der Mann hat keine Zeit, um sich Ihre Hirngespinste anzuhören.«

»Käme sein Vorarbeiter in Betracht?«

Ross zischte verächtlich.

»Gute Bekannte des Bürgermeisters dürfen nicht belästigt werden, ja? Mir fallen spontan noch zwei Personen zur Identifizierung ein.«

»Wer garantiert mir, dass Ihre Leute die Wahrheit sagen?«

»Eine Mutter erkennt Ihren Sohn. Meinen Sie nicht?«

»Das könnten Sie arrangieren?«

»Befindet sich Paul Walker in der Morgue?«

»Selbstverständlich! Bei uns geht alles mit rechten Dingen zu.«

Das Cook County Hospital, Ecke 18th Street und Arnold Street, war nach verheerenden Choleraepidemien in den Jahren 1849 und 1854 gebaut worden. Wann immer eine Todesursache unklar war, beschäftigte man sich im Leichenschauhaus damit. Meyer hätte Mrs Walker den Gang gerne erspart, doch gab es keine Alternative. Sie nahmen die Kutsche und während der Fahrt schwieg sogar Herbert. »Ich warte hier draußen auf euch«, sagte er vor dem Krankenhaus. Meyer wusste warum. Ausnahmsweise war es nicht wegen Fanny, sondern weil er Angst vor Ärzten hatte, ganz zu schweigen von den aufgebahrten Toten.

»Es sei denn, Sie wollen, dass ich mitkomme, Mrs Walker …«

»Danke, Mister Meyer. Wird schon gehen. Keine Sorge.«

Onkel Herbert versuchte, ein aufmunterndes Gesicht zu machen. Sie stiegen die steile Treppe nach unten und gelangten in einen kühlen, blank gescheuerten Flur. Zu beiden Seiten lagen geschlossene Türen. Ross hatte Meyer nicht verraten, an welcher sie klopfen sollten. Er versuchte sein Glück beim ersten Zimmer. ›Kurator Anderson‹ stand in dick und golden gemalten Lettern an der Tür. Niemand antwortete. Beim zweiten Mal machte er mehr Lärm.

»Was ist nun schon wieder? Ich habe ausdrücklich verlangt, mich nicht zu stören.«

Meyer trat ein. »Guten Tag!«

Anderson hatte dickes, pelzähnliches Haar und zusammengewachsene, wild wuchernde Augenbrauen. Er warf seine Brille auf den Schreibtisch. »Wer sind Sie und was wollen Sie?«

»Max Meyer, eine Leiche zu identifizieren, und Sie müssen nicht brüllen. Wir sind keineswegs schwerhörig.«

»Wer hat Ihnen erlaubt, mein Reich zu betreten?«

»Inspector Ross.«

»Wer soll das sein?«

»Officer bei der Polizei!«

»Kein Grund, schnippisch zu werden. Ich kann nicht jede Uniform kennen. Sind Sie mit der Leiche verwandt?«

»Die Dame, die draußen im Flur auf mich wartet, ist seine Mutter. Taktgefühl wäre also angebracht.«

»Natürlich. Sie haben Recht.«

»Ein junger Mann, Anfang zwanzig, wurde gestern hierhergebracht. Man fand ihn am Fluss.«

»Im Wasser?«

»Nein, verscharrt am Ufer.«

»Bei uns kommen jeden Tag tote Menschen an. Da kann ich mich unmöglich an jeden einzelnen erinnern.«

»Verzeihung, wie viele stammen vom Fluss und wurden gestern von Officer Ross deklariert?«

»Gehilfe. Zimmer nebenan. Stone.«

Andersons Assistent konnte kaum älter als Paul sein, klein und wendig wie ein Eichhörnchen, wesentlich freundlicher als der Boss.

Meyer nickte zum Nachbarzimmer. »Mister Stone, Sie wirken vernünftig.«

»Danke schön.«

»Im Flur wartet Mrs Walker, um ihren Sohn zu identifizieren. Ich wäre Ihnen dankbar, wenn wir die Prozedur schnell hinter uns bringen könnten.«

»Selbstverständlich, folgen Sie mir bitte.« Stone drückte Mrs Walker wortlos die Hand und nickte. Am Flurende entriegelte er eine massive Tür. Widersinnig, dachte Meyer, denn die Toten verlassen diesen Ort nicht mehr. Eine Last fiel schwer auf seinen Körper. Mrs Walker war in Ohnmacht gefallen. Er griff nach ihren Beinen und dem Rücken, hievte sie vorsichtig auf einen Stuhl. Stone rannte los, kam mit einem Glas Wasser zurück. »Mrs Walker, können Sie uns hören?«, flüsterte Meyer ihr sanft ins Ohr. Er nahm das Wasser und sprenkelte ihr einige Tropfen ins Gesicht. Sie blinzelte, öffnete langsam die Augen. Tränen liefen ihr übers Gesicht. Meyer nahm sie in den Arm.

»Können wir gehen?«

»Leider erst, wenn Sie Ihren Sohn erkannt haben. Am besten, Mister Stone und ich gehen kurz rein und holen Sie in einigen Minuten ab. Okay?«

»Ja, gehen Sie nur.«

Stone trottete wie ein gelehriger Schüler hinter ihm her. Meyer schloss die Tür und sah sich im Raum um: freudlos, steinern, mit sechzehn Leichenbetten aus Marmor. Tote Männer und Frauen, bedeckt mit Leintüchern. Nur die Köpfe ragten heraus. Wasserdüsen an der Decke sollten den Verfall aufhalten.

»Kein Wunder, dass die arme Mrs Walker das Bewusstsein verlor«, sagte Meyer leise.

»Was können wir tun?«

»Sie drehen die Düse über Pauls Bahre zu. Dann trocknen wir den Jungen ab und drapieren ihn mit einem frischen

Laken. Wenn wir schon dabei sind, machen wir auch sein Gesicht etwas frischer.«

»Entschuldigen Sie bitte meine Rohheit. Als Sie vorhin sagten, wir sollen die Prozedur schnell hinter uns bringen, dachte ich …«

»Niemand macht Ihnen einen Vorwurf.«

Beim Hinausgehen blickte Stone Meyer fragend an, damit er wieder die Führung übernahm. »Mrs Walker, dürfen wir Sie nun bitten, Ihren Sohn zu identifizieren?«

»Paul hat eine Narbe an der Nase, weil er als kleiner Bub einmal von der Schaukel fiel. Überzeugen Sie sich selbst, wenn Sie mir nicht glauben.«

»Leider darf ich das nicht. Mein Boss ist sehr strikt. Es geschieht selten genug, dass jemand identifiziert wird.«

Sie presste die Zähne zusammen, schritt zu dem Tisch und nickte. »Darf ich diesen furchtbaren Ort nun verlassen?«

Meyer brachte Mrs Walker zum Wagen und bat sie, kurz auf ihn zu warten. Er ging zurück. Der Assistent sagte sanft »herein«, war aber erstaunt, ihn so rasch wiederzusehen. »Etwas vergessen, Mister Meyer?«

»Eine Frage hätte ich.«

»Chief Anderson hat uns ausdrücklich verboten, über die Fälle zu sprechen.«

»Okay, aber stellen Sie sich bitte vor, wie es ist, wenn das eigene Kind stirbt. Ganz zu schweigen vom Schock über den gewaltsamen Tod.«

»Versprechen Sie mir, unser Gespräch vertraulich zu behandeln?«

»Natürlich.«

»Was möchten Sie wissen?«

»Die Todesursache.«

»Kopfwunde, die von der Berührung mit einem festen Gegenstand stammt.«

»Wie zum Beispiel …?«

»Eine Figur, wie sie auf Schreibtischen steht. Wir haben Splitter gefunden, die darauf hindeuten.«

»Glauben Sie, dass Paul ermordet wurde?«

»Es ist Sache der Polizei, Spekulationen darüber anzustellen.«

»Treffender hätte ich es nicht sagen können. Unfall also?«

Stone schüttelte den Kopf. »Wahrscheinlich nicht.«

Als Meyer über den Flur schritt, sah Anderson ihm durch die halb geöffnete Tür verstohlen hinterher.

Mr Wright erwies sich beim Begräbnis auf dem South-Side-Friedhof, wo Katholiken traditionell ihre Angehörigen begruben, als unschätzbare Hilfe. Leise und diskret wickelte er alles ab. Meyer war sein Ansprechpartner und streckte den entsprechenden Betrag vor, denn Mrs Walker hätte kurzfristig nicht so viel Geld aus New York City herbeischaffen können, selbst wenn sie körperlich in der Lage gewesen wäre. Paula bat ihren Herrn Pfarrer um religiösen Beistand. Im Anschluss nahm Mrs Walker trotz aller Zusprache den nächsten Zug nach New York City. Vor dem Einsteigen drückte sie die beiden Männer an sich, hielt Meyer einen Moment länger fest und sah ihm in die Augen. Er wusste, was dieser Blick zu bedeuten hatte und nickte. Vom Bahnhof aus ging er zur Brauerei, wo sich Schaulustige versammelt hatten. »Da oben hockt einer!«, rief jemand. Meyer sah zum Flachdach. Feldmann mit Revolver! Um den Schützen möglichst wenig Angriffsfläche zu bieten, hatte er sich auf dem Bauch gelegt. Zehn Uniformierte waren aufgeboten. Da sollte keiner sagen, die Polizei verstünde ihr Handwerk nicht! Feldmann machte keinen Mucks. Seine Gegner waren umso rühriger, umstellten systematisch das Gebäude. Inspector Ross duckte sich hinter einer breiten Kutsche und versuchte, würdig auszusehen. Er legte die Handflächen an den Mund und rief: »Klettern Sie unverzüglich vom Dach! Sie sind umzingelt.« Feldmann bewegte sich nicht und Ross nickte einem der Scharfschützen zu. Der lud sein Gewehr, legte an und feuerte eine Salve ab. »Ich wiederhole, steigen Sie herunter!« Die zweite Aufforderung wirkte vor allem wegen des exakteren Warnschusses, dicht über Joe Feldmann zischend. Er stand langsam auf, hob die Hände über den Kopf und schritt wacklig zur Außentreppe am Dachrand. Vier Polizisten drückten ihn in übertriebener Pose auf den Boden. Solange die Gesetzeshüter positiv erschienen, war alles in Ordnung in sweet home Chicago. Meyer fragte einen Herrn mit Halstuch und Gehstöckchen nach dem Grund für dieses Spektakel. »Wenn die Polizei derart anrückt, muss es was Schlimmes sein. Ich tippe auf bewaffneten Überfall oder Mord.«

»Hoffentlich haben sie genügend Leute mitgebracht.«

Der Mann sah ihn verunsichert an und entfernte sich, während Ross mit seinen Gehilfen zum Brauereitor marschierte.

»Was hat er angestellt?«, fragte Meyer.

»Renommierte Bürger unserer Stadt lassen uns regelmäßig Hinweise zukommen.«

»Spielt es eine Rolle, ob der Hinweis wahr oder falsch ist?«

»Solange ihr Privaten nur stänkern und im Dreck wühlen könnt! Aufrechte Menschen freuen sich, wenn ein Halunke geschnappt wird!« Er rümpfte die dicke Nase und führte seinen Tross zum Revier.

Tante Paula kredenzte Haggis. Eine schottische Kundin war zahlungsunfähig und hatte den mit Innereien gefüllten Schafsmagen angeboten, um ihre Schulden zu begleichen.

Meyer schüttelte den Kopf. »Mister Wright sagt, dass man Whiskey dazu trinkt.«

»Ist der Wohlstand ausgebrochen? Kaffee tut es auch.«

Um den Hausfrieden zu wahren, erwähnte er nicht, dass Kartoffelbrei und Rübenbrei ebenfalls angestammte Haggis-Begleiter waren und nicht altbackene Brotscheiben.

»Reicht mir eure Teller. Es wird serviert.«

Beide Männer waren erstaunt, dass das Gericht nicht so schmeckte, wie es aussah.

»Köschtlich«, sagte Herbert.

»Freut mich, dass es mundet.«

»Paula, unser Mäxle kommt im Fall nicht weiter.«

»Was predige ich denn seit Jahren?«

»Ich soll in die Kirche gehen und beten?«, sagte Meyer.

»So ist es!«

»Max möchte nur wissen, ob Antz' Vorarbeiter Feldmann schuldig ist.«

»Der Unhold hat den armen, irischen Jungen umgebracht. So stand es in der Zeitung.«

»Seit wann gibst du Geld dafür aus?«

»Meine Kunden berichten mir alles Wichtige, du Genie, und alte Zeitungen gehören ins Papiereimerchen! Unlängst geriet da einiges durcheinander. Ihr denkt, dass es nicht der Vorarbeiter war?«

»Willst du mehr hören?«

»Selbstverständlich.«

»Ich vermute, dass ihm jemand den Mord anhängt.«

»Dein Neffe muss zur Markthalle, Paulale.«

»Obacht! Meine Einkäufe mache ich selbst!«

»Die will dir auch niemand wegnehmen. Mäxle wird dort den Fall aufklären.«

»Was sollen die Leute denken, wenn er mit seinem großen Schlapphut und dem entsetzlichen Halstuch aufkreuzt?«

»Was erzählte dir Mrs Walker denn?«, fragte Meyer.

Meyer saß am Frühstückstisch und las die Illinois Staatszeitung. Herbert managte den Laden, während Paula einkaufte. In wichtigem Ton hatte sie angekündigt, dass es heute später würde: »Habe keinen Schimmer, wie lange ich brauche, um deinen verzwickten Fall aufzuklären!«

Herbert kam in die Küche. »Isch sie schon zurück?«

»Wer?«

»Die Königin von Saba! Paula natürlich.«

»Noch nicht.«

»Komisch.«

»Maximilian, Herbert! In den Hof! Ich bringe günstige Ware und Neuigkeiten, die umsonst sind. Helft mir beim Tragen!«

Meyer grinste. Er hatte seiner Tante ein Alibi gegeben. Guten Gewissens konnte sie über Mrs Walkers Geschichte reden, als Marktneuigkeit getarnt. Zu ihrem eigenen Besten, denn früher oder später wäre sie über der Geheimniskrämerei krank geworden.

Kapitel dreizehn: Kurz und bündig

»Klarer Fall«, sagte Paula mit großer Genugtuung. Vorarbeiter Feldmann ist der Mörder. Schämen solltet ihr euch, den netten Herrn Antz zu verdächtigen!«

»Ja, und weiter?«, fragte Meyer.

»Erst wenn ich die Besorgungen verstaut habe. Einer in diesem Haushalt muss ans Geld denken. Ist es Zufall, dass ich auch noch Lebensmittel einkaufe und zubereite?«

»Weiß ich nicht.«

»Unser Herr möge gnädig sein mit dir, Neffe. Mir fällt es dieser Tage nicht leicht.«

Während Paula stöhnend eine Kiste in den Laden schleppte, machte Herbert eine beschwichtigende Geste. »Jetzt hasch du sie verärgert, Mäxle.«

»Allzu schwierig scheint das heute nicht zu sein.«

»Geduld, sie wird schon reden.«

»Ob es vor Weihnachten geschieht?«

»Wer redet hier vom höchsten christlichen Fest? Setzt euch hin! Dann erzähle ich alles. Falls ich nicht wieder ständig unterbrochen werde!«

Herbert nickte ergeben.

»Besteht überhaupt keine Möglichkeit, Fragen zu stellen?«, erkundigte sich Meyer.

»Ich fasse es nicht!«

»Hab nur Spaß gemacht.«

»Kann ich beginnen?«

»Ja.«

»Feldmann war es! Das habe ich aus erster Quelle.«

»Du hast mit der Polizei gesprochen?«

»Max«, sagte Herbert in gespielter Entrüstung, »lass deine Tante ausreden!« Er schenkte ihr ein Glas Wasser ein, was sie gefällig zur Kenntnis nahm.

»Die Ordnungshüter fanden bei der Leiche des armen Jungen Hinweise.«

Meyer rutschte auf seinem Stuhl hin und her.

Seine Tante gab unwillig nach. »Maximilian, Frage?«

»Was für Beweise sind das?«

»Der dumme Mann hat seine Tabakdose mit eingraviertem Namen und einen an ihn adressierten Brief verloren. So töricht!«

»Lagen Dose und Brief auf dem Boden?«

»Nein, sie befanden sich in den Jackentaschen des armen Jungen.«

»Innen oder außen?«

»Spielt es eine Rolle?«

»Erzählst du uns bitte auch, ob du in der Markthalle etwas über Mrs Walker erfahren hast?«

Aus zehn Seiten machte er fünf, dann zwei, denn kein Journalist, auch wenn er noch so kritisch war, las gerne viel Text. Um drei Uhr nachts wurde er fertig und rief laut: »Jawohl!« Paula lamentierte beim Frühstück ausführlich über ihre Nachtruhe. Doch Meyer hörte gar nicht hin. Als seine Tante in den Laden rannte, um Kunden zu bedienen, zeigte er Herbert zwei Kuverts.

»Dein Teschtament? Vermachsch du mir auch etwas, Neffe?«

»Diese Umschläge enthalten Dossiers. Falls ich bis Mittag nicht zurück bin, sendest du die Schreiben bitte an Illinois Staatszeitung und Chicago Tribune. Wir belassen sie am besten auf meinem Sekretär.«

»Isch das nicht ein bissl viel Dramatik? Gehören wir zum Ensemble des badischen Staatstheaters?«

»Würdest du mir bitte den Gefallen tun?«

»Langsam bekomme ich *Boggsgichderlen*. Soll ich nicht lieber mitkommen?«

»Danke, nein. Kümmere dich nur um die Presse.«

»Wird erledigt, Neffe.«

»Mister Meyer, darf ich offen mit Ihnen sprechen?«

»Nur zu.«

»Sie strapazieren meine Nerven.«

»Schade, ich fing bereits an, Sie ins Herz zu schließen, Mister Antz.«

»Was wollen Sie schon wieder?«

»Nur einen Augenblick Ihrer Zeit.«

»Bitte.«

»Paul Walker ist mit dem Kopf an einen festen Gegenstand geraten, so unglücklich, dass er starb.«

»Habe ich ihn gestoßen?«

»Ein Handgemenge lässt sich nicht ausschließen.«

»Wie im städtischen Boxring?«

»Auch dabei geht es letztlich nur um Geld. Ein Unternehmer Ihrer Größenordnung hat nichts anderes im Kopf.«

»Sagt wer? Ihr lächerlicher Freund in seinem Hetzblättchen?«

»Sie kennen Schmieder?«

»Mister Meyer, ich stelle niemanden an, ohne vorher einen Background-Check zu machen.«

»Welch Ehre.«

»Ich handelte in ureigenem Interesse. Sie erwiesen sich als der passende Mann für die Situation.«

»Paul ist ihr leiblicher Sohn. Mrs Walker ließen Sie einst schwanger in Bayern sitzen. Paul war immer Einzelgänger und wollte unbedingt seinen richtigen Vater kennenlernen. Deshalb schmiss er den Job hin, verließ New York und bewarb sich in Ihrer Brauerei.«

»Rührend.«

»Machen Sie nur Ihre Späßchen. An der Situation ändert es nichts.«

»Erzählen Sie mir mehr Schandtaten.«

»Paul lebte still und zurückgezogen. In seiner Freizeit las er in der Bibel und traf sich mit den Brüdern und Schwestern seiner Kirchengemeinde. Wenn er jemals einen Saloon oder Biergarten aufsuchte, dann um Sünder zu bekehren.«

»Solche wie mich?«

»Sie waren nicht so unbesonnen, sich mit Ihrem Sohn in der Öffentlichkeit sehen zu lassen. Jedenfalls nicht in der besseren Gesellschaft.«

»Hat diese Öffentlichkeit denn gewusst, dass er mein Sohn war?«

»Nein, aber eine gewisse Ähnlichkeit ließ sich nicht verleugnen. Falls Ihre Frau Sie mit dem Jungen gesehen hätte … wer weiß, vielleicht ist gerade das passiert. Doch zurück zu Paul. Er kämpfte für die Sache der Alkoholgegner.«

»Sie reden von einem Brauereiarbeiter! Den halben Tag hat er Bier eingeatmet und transpiriert.«

»In einem Biergarten auf der North Side sprach ich mit Zeugen, die dort Paul und Joe Feldmann sahen.«

»Kommen Sie endlich zur Sache, Mann!«

»Er wollte auch Feldmann vom Laster befreien.«

»So eine Art Wunderheiler demnach?«

»Bei Feldmann biss er auf Granit, konnte ihm aber Informationen entlocken. Als er sicher sein konnte, dass Sie sein Vater sind, hat er sich Ihnen offenbart. Um Zeit zu gewinnen, stritten Sie alles ab. Doch Paul ließ nicht locker und bat um ein zweites Gespräch. Dabei konfrontierte er Sie mit unleugbaren Fakten. Sie spielten den Reuigen und baten um Nachsicht für Ihr unentschuldbares Verhalten. Wahrscheinlich boten Sie ihm auch Geld an, das Paul ablehnte. Er strebte nach Höherem. Für eine Weile schwieg er, damit Sie in sich gehen konnten.« Meyer war keineswegs sicher, ob die letzte Bemerkung stimmte, und beobachtete Antz. Der Mann verzog keine Miene. Noch funktionierte seine Selbstbeherrschung. »Sie gewährten ihm zu vorgerückter Stunde eine weitere Audienz. Denn niemand sollte Ihre Unterredung mitbekommen. Nur Mister Feldmann blieb zufällig auf dem Gelände. Vielleicht gehörte es auch zu Ihrem Plan. Zutrauen würde ich es Ihnen. Wie auch immer, Sie redeten mit Paul. Er war glücklich, weil Sie Ihre Vaterschaft endlich zugaben, ein erster Schritt auf dem Weg zum besseren Christenmenschen. Er wollte Sie dazu bringen, alle Unternehmungen aufzugeben, denn wer Bier braut, ist für ihn schlimmer als Trunkenbolde. Sie wurden ungeduldig. Die Diskussion geriet heftiger. Paul stürzte und fiel auf einen festen Gegenstand. Nun gerieten Sie in Zugzwang. Dank glänzender Verbindungen zum Bürgermeister hätten Sie die Geschichte zwar vertuschen können. Doch hätte man angefangen zu reden und vielleicht sogar entdeckt, dass Paul Ihr Sohn war.«

»Warum erzählen Sie mir das, Mister Meyer?«

»Um zu sehen, was Sie davon halten.«

»Gehen wir einmal davon aus, dass es stimmt. Wäre es nicht besser für mich, Sie ebenfalls wegzuschaffen?«

»Ist das alles, was Ihnen dazu einfällt?«

»In einem Punkt haben Sie zweifelsohne Recht. Dummes Gerede ist schlecht, besonders wenn man eine neue Brauerei gründen möchte, und mir ist das Privatleben heilig. Meine Familie soll nicht unnötig leiden. Dreckwäsche hinterlässt immer schmutzige Ränder.« Der Unternehmer schrieb eine Zahl auf ein Blatt Papier und hielt es Meyer unter die Nase.

»Tausend Dollar! Sehr großzügig.«

»Nach all den Plackereien, die Sie hatten, ist es das Wenigste, was ich tun kann.«

»Unsere arme Mrs Walker steht unter Schock. Auch sie würde sich über eine Zuwendung freuen.«

»Am Ende dreht sich alles nur ums Geld, nicht wahr? Selbst bei denen, die es abstreiten und das Humanismusbanner schwenken.« Antz stellte zwei Schecks über je tausend Dollar aus.

»Nein, die Wahrheit muss ans Licht!«, sagte Meyer.

»Mehr ist nicht drin. Vergessen Sie es!«

»Sie sind ein Mörder!«

»Drohen Sie mir? Bis eben wirkten Sie vernünftig.«

»Und wenn ich Ihr Angebot nicht annehme?«

»Es könnte Konsequenzen für Sie haben.«

»Anonymes Grab am Flussufer? Nein, so dumm wären Sie nicht. Handlanger würden mich eher tief in der Prärie verscharren.«

»Was wollen Sie, Mann?«

»Gerechtigkeit!« Meyer zerriss die beiden Schecks aufreizend langsam, und während die Schnipsel auf den Boden rieselten, zog Antz einen Revolver aus der Schublade. »Zeugen fürchten Sie nicht?«

»Kein Problem. Sie griffen mich an und ich handelte in Notwehr.«

»Glauben Sie ernsthaft, dass ich ohne Joker erscheine?«

»Wird Ihnen nichts nützen, denn ich halte den Revolver bereits in der Hand.«

»Eine Vertrauensperson hat Dossiers und wenn ich nicht bald heimkehre, landen sie bei der Presse.«

»Das Schmierblatt Ihres Kumpels? Haha!«

»Nein, Chicago Tribune und Illinois Staatszeitung. Möglicherweise wollen Sie Ihre Schusswaffe wieder in der Schublade verstauen, wo sie hingehört, denn ich werde Sie nun verlassen! Unversehrt!«

Antz betrachtete den Revolver und kurz sah es so aus, als würde er sich eine Kugel in den Kopf jagen.

Meyer rannte in sein Zimmer, um die beiden Dossiers zu holen. Doch auf seinem Schreibtisch lagen sie nicht mehr. »Paula!«, rief er noch auf der Treppe.

Sie wischte akribisch den Küchentisch. »Mein verlorener Neffe! Welch Überraschung!«

»Wo sind die Dossiers?«

»Mäßige deine Stimme. Hier gehen Kunden ein und aus, und seit wann sagen wir nicht mehr ›Tante‹?«

»Die Unterlagen!«

»Herbert war heute morgen in deinem Kabuff. Als ich ihn darauf ansprach, benahm er sich zweifelhaft. Ihr Männer mit euren kleinen Geheimnissen. Schau, da ist er. Mit deinen wertvollen Papieren.«

»Wenn ihr weiter in dieser Lautstärke redet, weiß bald die ganze Stadt Bescheid. Im Moment isch es nur das Geschäftsviertel.«

Meyer schnappte sich seine Kuverts und rannte aus dem Haus.

Epilog

Meyer saß mit Schmieder in dessen Zimmer. Zwei Monate zuvor hatte er den Zeitungen die Informationen zugespielt. Die Tribune brachte einen ausführlichen Artikel. Reporter befragten Paula, und der Wirbel bescherte ihr viele Schaulustige und einige neue Kunden. Natürlich ging man wegen der Ausgewogenheit auch Antz an. Er wollte diesen zwielichtigen Detektiv anzeigen! Was er natürlich nicht tat. Die Tribune druckte noch einen zweiten Artikel. Nur die Staatszeitung blieb stumm und Meyer fragte sich warum. Bis er die neueste Ausgabe aufschlug und eine großformatige Anzeige der Brauerei Antz ihn verhöhnte. Natürlich, Tageszeitungen lebten von Annoncen. Die Polizei bestand darauf, dass Feldmann der Täter war. »Wir haben einen geständigen Mörder«, zitierte die Tribune Bürgermeister Haines, »der von Mister Antz trotz Alkohollasters weiterbeschäftigt wurde. Wer wird nun der Mörder des armen Jungen sein? Jähzorniger Alkoholiker oder erfolgreicher Unternehmer? Säufer oder hart arbeitender Mann, der keine Kosten scheut, junge Arbeiter ausfindig zu machen?«

Antz machte dann mit der Familie zwei Wochen Ferien in den Rocky Mountains. Selbst diese Flucht verstand er ins Positive zu wenden, und bei seiner Rückkehr hatte sich die Presse längst neuen Nachrichten zugewandt.

»Nahm der Ruchlose denn überhaupt keinen Schaden?«, fragte Schmieder.

»Man munkelt, dass der Haussegen schief hängt.«

»Das ist alles? Ehefrauen wie Mrs Antz pressen auf diese Weise lediglich mehr Geld aus dem Gatten.«

»Tante Paulas Kundeninformationen besagen, dass sie an Scheidung denkt. Sie ist immer noch in den Rockys, und es geht das Gerücht, dass sie sich einen Liebhaber hält. Seine Geschäfte haben mächtigen Schaden genommen. Das Projekt in

New York hat er abgeblasen. In Chicago sinkt der Absatz seines Bieres.«

»Maximilian, der Menschen Gedächtnis ist mangelhaft. Schon bald werden sie sich wieder an seinem Gebräu laben. Du wirst es erleben.«

»Kann sein, Schmieder. Aber ich habe es zumindest probiert, und falls der Kerl in der Stadt bleibt, mache ich ihn beim nächsten Verbrechen dingfest. Das habe ich mir geschworen.«

»Recht so! Die Stunde der Abrechnung steht ihm noch bevor. Mich plagt Sensationslust. Was spielt dieser Feldmann für eine Rolle?«

»Er schaffte die Leiche aus der Brauerei und verscharrte sie am River.«

»War das vom Ausbeuter so geplant?«

»Das habe ich mich auch lange gefragt. Feldmann muss geahnt haben, dass zwischen seinem Boss und dem Jungen etwas vorgeht, bei dem Geld herausspringen könnte. Also blieb er unbemerkt auf dem Firmengelände und belauschte die Konversation. Antz biss in den sauren Apfel und bat ihn um Hilfe. Dafür entlohnte er seinen Vorarbeiter stattlich. Doch dann wurde dieser gierig. Zunächst handelte Antz auf die sanfte Tour, redete dem Mann gut zu. Um ihn in Sicherheit zu wiegen, begleitete er ihn sogar in Roger Plants Spielhölle. Antz deponierte Tabakdose und Brief bei der Leiche und wartete, bis man sie fand. Dann gab er dem Bürgermeister Bescheid, Feldmann verhaften zu lassen. Wie das Geständnis zustande kam, möchte ich lieber nicht wissen.«

»Paul Walker fand heraus, dass Mister Walker nicht sein leiblicher Vater ist?«

»Ja, seine Mutter erzählte es ihm vor etwa einem Jahr. Ihr zweiter Mann wusste noch nichts davon. Antz war in Bayern ihr Verlobter und versprach die Ehe. Doch nach einem Gespräch mit den Eltern kaufte er sich ein USA-Ticket.«

»Die Adresse des Ausbeuters kannte sie nicht?«

»Nein. Nicht einmal die Stadt, in der er lebte. Außerdem änderte er seinen Namen. Reverend Kelly sagte, dass Paul zur Kolonie »Zügele dein Selbst« reisen wollte. Ich nehme an, dass er sich bereits vor seiner Reise nach Chicago einmal dort aufhielt. So wird er von Antz erfahren haben und auf gut Glück nach Chicago gekommen sein. Vielleicht hatte er auch einen privaten Detektiv beauftragt.«

»Wie geht es der Mutter?«

»Den Umständen entsprechend.«

»Froh, dass der Fall aufgeklärt wurde?«

»Natürlich, aber angesichts der Umstände ist es ein schwacher Trost.«

»Hast du ihr mitgeteilt, dass der Verurteilte nicht der Mörder ist?«

»Das habe ich nicht übers Herz gebracht.«

»Du hast also gelogen?«

»Menschenskind, Schmieder, du siehst alles nur in Schwarz oder Weiß. Manchmal sind die Dinge jedoch grau, hellgrau oder dunkelgrau. Mrs Walker ist intelligent. Sie ahnte bereits, als sie hier war, dass Antz ihren Sohn auf dem Gewissen hat.«

»Wie schrecklich muss das sein! Doch mit den Farben tust du mir Unrecht.«

Schmieder ging zum Kleiderschrank und förderte eine Stange zutage. Er hob sie in die Luft und entrollte eine schwarz-rot-goldene Fahne. »Außer Schwarz und Weiß gibt es noch Rot und Gold.«

»Die hast du noch«, sagte Meyer gerührt.

»Natürlich! Irgendwann werden wir heimkehren und das Banner der Freiheit schwingen!«

Meyer strich mit der Hand über den Stoff und lächelte. »Vom konservativen Schwarz über das revolutionäre Rot zum freundlichen Gold der Sonne!«

»Lang lebe die Republik!«

Rezepte

Geröstete Grießsuppe mit Pumpernickel-Croutons

Gröschdede Grießsupp mit Bumberniggl-Krutons

Grießsuppen gibt es in Baden vermutlich so viele wie Haushalte. Hier eine Version, bei welcher der Grieß leicht geröstet wird. Dazu: Croutons aus Pumpernickel.

Zutaten für zwei Portionen

ein halber Liter Gemüsebrühe
vier EL Butter
acht EL Grieß
eine Scheibe Pumpernickel
zwei EL Sonnenblumenöl
ein halber TL Salz
ein halber TL schwarzer Pfeffer
eine Prise getrockneter Ingwer

Und so wird's gemacht

Gemüsebrühe zubereiten.

Butter in einem Topf stark erhitzen.

Grieß in der Butter anrösten, bis eine körnige Konsistenz entstanden ist.

Gemüsebrühe dazugießen.

Bei mittlerer Hitze etwa zehn Minuten kochen.

Pumpernickel in kleine Scheiben (1 x 1 cm) schneiden und bei mittlerer Hitze im Öl zwei, drei Minuten anrösten.

Gewürze dazugeben.

Pumpernickel-Croutons auf die Teller geben und mit Suppe auffüllen.

Dampfnudeln

Dampfnudle

Ein herzhaftes und süßes Hauptgericht, das selten, um nicht zu sagen fast nie auf Speisekarten von Restaurants auftaucht, mehr ein Snack-Dasein in Bäckereien und auf Weihnachtsmärkten führt. Völlig unverdient!

Zutaten für neun große Dampfnudeln

500 g 550er-Mehl
eine Prise Salz
250 ml Vollmilch
ein Würfel frische Hefe
ein verrührtes Ei
zwei EL Margarine
ein EL Sonnenblumenöl
eine Tasse Wasser
ein halber TL Salz

Und so wird's gemacht

Mehl und Salz in eine etwa 20 Zentimeter hohe Schüssel füllen.

Die Milch auf etwa 37 Grad erhitzen. Das ist ungefähr die Temperatur, die ein heißes Bad hat. Hefe klein schneiden, in die Milch geben, rühren und zerdrücken, bis sie sich vollständig aufgelöst hat.

In Etappen zum Mehl geben, gefolgt von Ei und Margarine.

Auf dem Küchentisch eine Teigkugel formen, die nicht mehr an den Fingern klebt. Wenn nötig, noch etwas mehr Mehl verwenden.

Die Teigkugel in die Schüssel geben, mit einem Baumwolltuch abdecken und gut zwei Stunden, nicht viel länger, relaxen lassen. Der Teig hat dann mindestens die doppelte Höhe. Ein wenig hängt das immer auch von Zimmer- und Außentemperatur ab.

Teig vorsichtig auf den Küchentisch hieven und auseinanderziehen.

Er sollte etwa eineinhalb Zentimeter dick sein.

Mit einem in Mehl getunkten Trinkglas (etwa sieben Zentimeter Durchmesser) Dampfnudeln ausstechen. Das ergibt neun Stück.

Eine große Pfanne auf den Herd stellen und stark erhitzen. Einen Esslöffel Öl dazugeben. Wenn die Pfanne stark erhitzt ist, vorsichtig das Wasser dazugießen und das Salz in die Pfanne streuen.

Die Dampfnudeln zügig und flächendeckend einfüllen. Einen Deckel auf die Pfanne legen und unbedingt bis zum Ende darauf belassen.

Bei weiterhin starker Hitze etwa fünf Minuten dämpfen. Dann auf geringe Hitze reduzieren. Gut 20 Minuten so weiterdämpfen.

Die Dampfnudeln haben am Ende unten eine Kruste.

Dazu isst man Apfelmark/-mus. Nicht verzehrte Dampfnudeln können beim nächsten Frühstück in warme Milch getaucht genossen werden.

Bibeleskäs(e)

Küken heißen in Südbaden Bibeli. Weil sie mit Quark gefüttert werden, nennt man ihn dort Bibeliskäs. In Nordbaden, wo auch die Duden-Redaktion ihren Sitz hat, heißt die Speise Bibeleskäs. Schmeckt sehr gut mit Pellkartoffeln.

Zutaten für zwei Portionen

500 g Quark
fünf EL Sahne
eine Prise Salz
eine Prise Pfeffer
ein halber TL gemahlener Kümmel
ein halber TL getrockneter Thymian
optional: zwei EL frischer Paprika, in kleine Stücke geschnitten

Und so wird's gemacht

Quark in eine Schüssel geben.

Nach und nach die Sahne unterrühren, dann die Gewürze und, wenn gewünscht, frischen Paprika.

Linsen

Linse

Die Badener verleiben ihrer Küche gerne Spezialitäten aus anderen Ländern ein: Frankreich, Schweiz, Österreich wie auch Schwaben. Niemand wird bestreiten, dass Linsen hervorragend zu Spätzle passen. Ein prächtiges vegetarisches Gericht! Wer auf Fleisch partout nicht verzichten kann, legt am Ende noch ein Paar erwärmte Frankfurter Würstchen auf die Linsen, in Baden »ein Pärle Wiener« genannt.

Zutaten für zwei bis drei Portionen

250 g Berglinsen
lauwarmes Wasser
eine mittelgroße Zwiebel
ein EL Süßrahmbutter
ein EL Sonnenblumenöl
ein EL getrockneter Thymian
500 g gemischtes Gemüse: zum Beispiel Karotten, Lauch, Sellerie und Pastinake
ein halber TL Kräutermeersalz
ein TL schwarzer Pfeffer
ein TL getrocknete Petersilie
optional: ein halber TL Rotweinessig

Und so wird's gemacht

Die Linsen mit dem lauwarmen Wasser in einen großen Topf geben. Es sollte etwa eineinhalb Zentimeter über den Linsen stehen. Deckel auflegen und über Nacht relaxen lassen.

Am nächsten Tag mit der Einweichflüssigkeit aufkochen und dann bei mittlerer Hitze etwa 15 Minuten weiterkochen, bis die Linsen fast gar sind.

Die Flüssigkeit in einen anderen Topf gießen. Linsen in einer Schüssel ebenfalls auf die Seite stellen.

Den großen Topf spülen und trocknen.

Zwiebel in kleine Stücke schneiden.

Butter und Öl im großen Topf erhitzen und die Zwiebelstücke glasig dünsten.

Thymian dazugeben und alles kurz durchrühren.

Gemüse klein schneiden und mit den Linsen dazugeben.

Etwa die Hälfte der Linsenflüssigkeit dazugießen.

Salzen.

Fünfzehn Minuten bei mittlerer Hitze kochen, bis das Gemüse gar ist. Bei Bedarf weitere Linsenflüssigkeit dazugießen. Am Ende sollten Linsen und Gemüse die Konsistenz eines Currys/Eintopfs haben, mit noch etwas Flüssigkeit, aber nicht so viel wie in einer Suppe.

Pfeffer und Petersilie einrühren.

Wer will, gibt noch etwas Rotweinessig dazu.

Spätzle

Im Badischen werden Spätzle, die schnellste Pasta, die es gibt, nicht vom Brett ins Wasser geschabt wie bei den schwäbischen Nachbarn, sondern durch eine Presse gedrückt, die man auch für Kartoffelbrei verwenden kann. Neben dem klassischen Partner, den Linsen (siehe vorherige Seiten), können Spätzle auch zu Fleisch oder Gemüse gegessen werden. Dann werden sie gerne mit Schmälz, in Butter gebratenen Semmelbröseln, serviert. Und: Käsespätzle nicht zu vergessen.

Zutaten für zwei bis drei Portionen

300 g 550er-Mehl
ein halber TL Salz
vier große oder fünf kleine Eier
etwa 100 ml kaltes Wasser

Und so wird's gemacht

Mehl und Salz in eine ausreichend große Schüssel geben. In der Mitte eine Kuhle formen.

Die Eier nacheinander in einem Schüsselchen aufschlagen, jeweils verrühren und zum Mehl geben. Nach jedem Ei mit einem hölzernen Kochlöffel gut rühren. Etwas kaltes Wasser dazugeben und den Teig hin und her bewegen, bis er klebrig-zäh ist. Im Gegensatz zu anderen Teigen wird er nicht mit den Händen bearbeitet. Ist er zu dick, will er nicht durch die Spätzlespresse. Dann hilft noch etwas mehr Wasser.

Ausreichend Wasser aufkochen und salzen.

Die Kartoffel-/Spätzlespresse füllen, fragile Exemplare maximal zur Hälfte. Sonst ist die Bruchgefahr zu hoch. Pressen aus Edelstahl können bis dicht unter den Anschlag gefüllt werden.

Spätzle ins kochend-blubbernde Wasser drücken. Sowie sie an die Wasseroberfläche gestiegen sind, mit einer perforierten

Schöpfkelle heraushieven und auf Küchenrolle legen. So verfahren, bis alle Spätzle gekocht sind.

Schupfnudeln

Schupfnudle

Wie bitte, Nudeln? Genau, und schauen Sie sich doch bei Gelegenheit bitte ein Rezept für Gnocchi an. Die Zutaten sind fast identisch. Doch würde niemand auf die Idee kommen, Gnocchi den Pastastatus abzusprechen.

Zutaten für zwei Portionen

ein kg mehlige Kartoffeln
ein großes, verrührtes Ei
zwei gehäufte EL Kartoffelmehl
ein halber TL Salz
ein halber TL schwarzer Pfeffer
ein viertel TL Muskat
zwei EL Sonnenblumenöl
zwei EL Süßrahmbutter

Und so wird's gemacht

Kartoffeln schälen und vierteln. Kartoffelstücke in einem großen Topf sprudelnd heiß in Salzwasser kochen, bis sie gar sind.

Wasser abgießen und die Kartoffeln im Topf hin und her schwenken, damit weitere Flüssigkeit verdunstet.

In kleine Stücke (etwa 2 x 2 cm) zerkleinern.

Die Kartoffel-/Spätzlespresse füllen, fragile Exemplare maximal zur Hälfte. Sonst ist die Bruchgefahr zu hoch. Pressen aus Edelstahl können bis dicht unter den Anschlag gefüllt werden. Kartoffelmasse in eine große Schüssel drücken. Das Ei dazugeben. Nach und nach das Kartoffelmehl und Gewürze unterrühren.

Mit den Händen fingerdicke Rollen formen, etwa fünf Zentimeter lang und zwei Zentimeter im Durchmesser.

In den Kühlschrank stellen.

Am nächsten Tag die Hälfte des Pflanzenöls und der Butter in einer Pfanne erhitzen.

Die Hälfte der Schupfnudeln bei mittlerer Hitze auf beiden Seiten je drei bis vier Minuten anbraten, bis sie leicht gebräunt sind.

Rest der Schupfnudeln ebenfalls in Öl und Butter braten.

Dazu isst man Sauerkraut (siehe Rezept auf der folgenden Seite) oder Apfelmark/-mus.

Sauerkraut mit Apfel

Bemerkenswert, wie viel Aroma ein kleiner Apfel erzeugen kann. Wir nehmen eine süße Sorte, weil unser Kraut bereits den gegenteiligen Geschmack abdeckt.

Zutaten für zwei Portionen

ein bis zwei EL Sonnenblumenöl
250 g Sauerkraut
ein kleiner süßer Apfel (etwa 150 g)
ein halber TL schwarzer Pfeffer

Und so wird's gemacht

Das Öl in einer Pfanne stark erhitzen, dann auf mittlere Hitze reduzieren.

Sauerkraut in der Pfanne verteilen.

Den Apfel waschen, trocknen, in vier Stücke schneiden und vom Kerngehäuse befreien. Ins Sauerkraut reiben und unterrühren.

Alles etwa fünf Minuten braten.

Pfeffer dazugeben.

Zwiebelkuchen

Zwiwwelkuche

Es ist kaum verwunderlich, dass Tante Paula auch dieses Gericht schmäht: Doch lohnt sich das bisschen Mühe durchaus.

Zutaten für den Teig

250 g 550er-Mehl
eine Prise Salz
150 ml Vollmilch
ein halber Würfel frische Hefe
ein EL zimmerwarme Butter
ein EL Sonnenblumenöl

Zutaten für den Belag

550 g Zwiebeln
ein halber (roter) Paprika
zwei EL Butter
zwei EL Sonnenblumenöl
ein TL Salz
eineinhalb TL schwarzer Pfeffer
zwei TL Liebstöckel
zwei TL Majoran
vier EL Dinkelsemmelbrösel
vier kleine Eier
ein EL Vollmilch

Und so wird's gemacht

Mehl mit dem Salz in eine große Schüssel geben.

Die Milch auf etwa 37 Grad erhitzen. Das ist ungefähr die Temperatur, die ein heißes Bad hat. Hefe klein schneiden, in die Milch geben, rühren und zerdrücken, bis sie sich vollständig aufgelöst hat.

In Etappen zum Mehl geben, gefolgt von der Butter.

Aus den Zutaten eine Teigkugel formen, in eine Schüssel geben und mit einem Tuch bedecken. Teig in etwa einer halben Stunde zur doppelten Größe aufgehen lassen, dann ausrollen.

Den Boden einer Kuchen-Springform mit Backpapier auskleiden und den Teig darauf geben. Mit einer Gabel Löcher hineinstechen.

Das Sonnenblumenöl mit einem Backpinsel auf den Teig streichen. Diesen mit einem Tuch abdecken und zur Seite stellen.

Zwiebeln schälen und klein schneiden.

Paprika waschen, vom Kerngehäuse befreien und ebenfalls klein schneiden.

Butter und Öl stark erhitzen, dann auf mittlere Temperatur reduzieren. Zwiebel- und Paprikastücke dazugeben, mit je einem Teelöffel Salz, Pfeffer, Liebstöckel und Majoran würzen und die Zwiebelstücke in etwa 40 Minuten glasig dünsten. Dabei hin und wieder rühren.

Semmelbrösel dazugeben und alles weitere fünf Minuten braten. Masse leicht abkühlen lassen.

Die Eier in einer Schüssel verrühren. Milch, einen halben Teelöffel Pfeffer und je einen Teelöffel Liebstöckel und Majoran einrühren.

Zwiebelmasse dazugeben.

Den Belag auf dem Teig ausbreiten.

Den Zwiebelkuchen in den vorgewärmten Backofen (200 Grad) geben und 20 Minuten backen.

Kartoffeltorte

Kardoffeltort

Max Meyers größter kulinarischer Traum, zu genießen als reichhaltiges Dessert. Die Kartoffeln machen sich nur dezent bemerkbar.

Zutaten für eine Torte

700 g mehlige Kartoffeln
sieben Eier
200 g Rohrohrzucker
100 g Cranberrys
zwei EL Rosinen
sechs EL gemahlene Haselnüsse
eine Prise Zimt
eine Prise Sternanis
zwei Prisen Salz
zwei EL Maisstärke

Und so wird's gemacht

Backofen auf 150 Grad vorwärmen.

Kartoffeln schälen und weich kochen.

Eigelbe von Eiweißen trennen und in getrennte Gefäße geben, Eiweiß in eine hohe Schüssel.

Zucker in die Eigelbe rühren, dann Cranberrys, Rosinen, Haselnüsse, Zimt, Sternanis, eine Prise Salz und Maisstärke.

Kartoffeln pürieren und einrühren.

Eiweiße und eine Prise Salz mit dem elektrischen Handrührgerät in der hohen Schüssel zu Schnee schlagen. Wenn ein durchgezogenes Messer eine gut sichtbare Spur hinterlässt, kann es weitergehen.

Eine runde, hohe Kuchenform mit Backpapier auskleiden. Eigelbmischung in die Form geben. Eischnee vorsichtig unterheben. Die Torte fünfunddreißig Minuten backen.

Vollständig abkühlen lassen, dann vorsichtig umdrehen und das Backpapier lösen.

Glossar badischer, badisch-amerikanischer und deutsch-amerikanischer Worte

(abgekürzt mit Bad., BA und DA)

Alla gut: also gut (Bad.)
Alla hopp: Los geht's! (Bad.)
Blümleskaffee: Getreidekaffee (Bad.)
Boggsgichderlen bekommen: nervös/fahrig werden (Bad.)
Bumbel: dicke Frau (Bad.)
Buyen: kaufen (DA)
Dandene: Dande = Tante (Bad.)
Deez: Kopf (Bad.)
Fönny: lustig (DA)
Gefenzt: mit einem Zaun versehen (DA)
Getalkt/talken: gesprochen/sprechen (DA)
Gockler: Hahn (Bad.)
Käpsele: schlauer Mensch (Bad.)
Karch: Karren (Bad.)
Kurasch: Courage (Bad.)
No-Hau: Knowhow = Wissen (DA)
Noo-i: nein (Bad.)
Pushen der Daisies: von »to push the daisies« = »die Radieschen von unten betrachten« (DA)
Raddegiggl: minderwertiger Alkohol (Bad.)
Rattleschnake: Klapperschlange (BA)
Roscht runner machen: abkanzeln (Bad.)
Säfer: sicherer (DA)
Schpring Cleaning: Frühjahrsputz (BA)
Screenen: unter die Lupe nehmen (DA)
So machsch's: Genau so solltest du es machen. (Bad.)
Speaken: sprechen (DA)
Teig-Aff/Deig-Aff: von »Teig« und »Affe«, unflätiger Mensch (Bad.)
Upgeliftet: von »upliften« = heben (DA)
Witfrau: Witwe (Bad.)

Deutsche in Chicago, Illinois/USA

Seit der Gründung im Jahr 1837 zog Chicago Menschen aus europäischen Ländern magisch an, neben den Deutschen hauptsächlich Iren. Einige Zahlen können das gut veranschaulichen.

Jahr	**1843**	**1844**	**1850**	**1860**
Gesamtbevölkerung	7580	10280	28269	109206
Deutsche	816	1056	5073	22230
Iren	773	972	6096	19889

(»The Germans of Chicago« von Rudolf A. Hochmeister. German Department der University of Illinois. Champaign, Illinois. Stifes Publishing Company 1976, S. 10)

Eine besondere Gruppe Deutscher in den USA waren zweifelsohne ehemalige 1848er und 1849er so wie Max Meyer. Zwischen 4.000 und 10.000 sollen es gewesen sein, die vor allem aus dem Großherzogtum Baden in die USA emigrierten. In der neuen Welt gingen sie mit Feuereifer daran, ihre Ideale umzusetzen. Natürlich war ihnen Sklaverei ein Dorn im Auge, aber auch die Kirchen, der Klerus und Korruption in städtischen Verwaltungen. Nicht zu vergessen ihr Kampf gegen Temperenzler. Denn gegen ein Glas saftiges Bier sollte niemand etwas einzuwenden haben! Ihre fortschrittlichen Überzeugungen setzten die deutschen Demokraten im Theater um, über Musik, Lesegesellschaften, Klubs und eigene Schulen. Das missfiel manchem Amerikaner und den »Grauen«: Deutsch-Amerikaner, die eine Generation älter waren und schon länger in den USA lebten, so wie Paula und Herbert Meyer. Die Reformer wurden als »Grünschnäbel« (Greens) bespöttelt. Doch unbeirrt gingen sie ihren Weg.

Karl Heinzen setzte sich massiv für die Gleichberechtigung von Frauen ein. Die Turner-Gemeinschaften, die später oft im Gesamten als deutschsprachige Regimenter in den Bürgerkrieg (1861 – 1865) zogen, organisierten öffentliche Vorträge und Diskussionen zum Thema. Mathilde Franziska Annecke, die mit ihrem Mann 1848 in Köln die »Deutsche Frauen-Zeitung« ins Leben gerufen hatte, publizierte sie nach ihrer Ankunft in Milwaukee/Wisconsin in den 1850er Jahren unter dem gleichen Titel weiter, auf Deutsch.

Großen Einfluss verdankten die 1848er auch den vielen anderen Publikationen, mit denen sie verbunden waren, und die Illinois Staatszeitung etwa veränderte sich positiv, als der Forty-Eighter Georg Schneider am 25. August 1851 Herausgeber wurde. Das Blatt wurde umgehend zur Tageszeitung. Drei Jahre später publizierte man die erste Sonntagszeitung Chicagos. Nach Schneider übernahm ein weiterer Revolutionär: Lorenz Brentano. Er hatte 1849 eine provisorische badische Regierung geleitet, die leider nur wenige Wochen währte. Frühere Mitstreiter arbeiteten in Chicago als Journalisten für ihn: Georg Hillgärtner, Wilhelm Rapp und Hermann Raster.

Es gab in Chicago vor dem großen Brand im Jahr 1871 noch über 30 andere deutschsprachige Zeitungen und Journale, die täglich, wöchentlich oder monatlich erschienen.

Von den insgesamt 265 deutschsprachigen Tageszeitungen im Amerika des Jahres 1860 stellten sich nur drei auf die Seite der Sezession, etwas mehr als ein Prozent. Gut 200.000 Deutsche kämpften für die Nordstaaten. Robert E. Lee, der Oberbefehlshaber der Südstaaten soll Folgendes über sie gesagt haben:

»Take the Dutch out of the Union army and we could whip the Yankees easily.«

(»The German-Americans« von La Vern J. Rippley. Boston 1976, Twayne Publishers, S. 65)

Sinngemäß: »Nimm die Deutschen aus der Nordstaaten-Armee und wir besiegen die Yankees mit Leichtigkeit.«

Mit Dutch sind tatsächlich Deutsche gemeint und nicht etwa Holländer; der amerikanischen Sprache folgend, die aus »Deutsch« »Dutch« machte, mitunter noch heute.

Nur noch wenige Orte in Chicagos Umgebung tragen ihre ursprünglichen deutschen Namen, z. B. Schaumburg, Hanover Park und Frankfort.

»Heute kann man durch die alten deutschen Viertel der amerikanischen Städte streifen und nur die spärlichsten Spuren jenes Lebensstils finden, der dort früher üblich war.«

(Richard O'Connor: »Die Deutsch-Amerikaner. So wurden es 33 Millionen«. Hamburg 1970, Hoffmann und Campe, S. 467)

Das lag an den beiden Weltkriegen, aber auch an Einwanderern mit ihren gepflegten Antagonismen: Katholiken gegen Protestanten, Liberale contra Konservative, Schwaben gegen Bayern, bis hin zur Pflege der Heimatstadt. Um es positiver auszudrücken:

»Mehr als 150 Jahre lang traf eine Generation Deutsche nach der anderen in Chicago ein. Sie bildeten eine vielseitige, vibrierende Gemeinschaft und halfen mit, die Stadt im mittleren Westen aufzubauen. Mitunter ist es schwierig, ihren speziellen Beitrag dabei zu benennen, schlicht wegen der Anwesenheit der Deutschen in allen Bereichen«

(»The Encyclopedia of Chicago«. Chicago and London, 2004. The University of Chicago Press. S. 336).